MANUEL LONGARES

Soldaditos de Pavía

SEIX BARRAL

Cubierta: Amand Domènech

Primera edición: enero 1984

© 1984: Manuel Longares

Derechos exclusivos de edición en castellano
reservados para todo el mundo:
© 1984: Editorial Seix Barral, S. A.
Córcega, 270 - Barcelona-8

ISBN: 84 322 4538 0

84-9185

Depósito legal: B. 39.511-1984

Impreso en España

SOLDADITOS DE PAVÍA

PRELUDIO

BOLERO

1

Músico desde la cuna, donde cautivaba a su familia con persistentes agudos, pronto confirmó Venancio sus excepcionales dotes: entonando gregoriano convertía a los infieles, bailaba las seguidillas con desparpajo hechicero y ningún instrumento de cuerda se resistía a sus deditos de ángel.

Por temprana muerte de la madre en epidemia que azotó la comarca, creció al cuidado del padre, clarinetista en la banda de la localidad, que ansioso de participar en los éxitos del hijo, recibiendo como pedagogo el crédito que no obtenía como intérprete, le formó en la disciplina con paciencia de artífice: a ritmo de pasodoble le enseñó a caminar, dislocóle las manitas para que abarcase con comodidad las octavas y, asumiendo una tarea superior a sus fuerzas, se propuso introducirle en las claves del solfeo.

Con espartano rigor, pues no probó el dulce Venancio hasta que descifró de corrido el pentagrama, mientras los chiquillos triscaban en las eras y los adultos charlaban de toreros o amoríos, padre e hijo daban clase en el desván de su casa, a la luz de un candelabro que enaltecía sus sombras mas no los signos de la partitura y con los oídos taponados para mayor recogimiento.

Desquiciados los vecinos por los que tocaban prácticamente a ciegas y sin percibir el sonido, solicitaron la mediación del párroco que, a la autoridad de su ministerio, unía la conferida por sus conocimientos musicales. Personóse éste en el hogar de la maledicencia en hora lectiva por lo que no consiguió dialogar con los que permanecían sordos a sus requerimientos. Encolerizado por el desdén, atribuyó influencia masónica a la infernal disonancia y esgrimiendo el hisopo frente al cubil de los contumaces amenazó con violar la cerradura y prender fuego a la vivienda si menospreciaban sus sagradas órdenes.

No le replicó voz humana sino la cantilena incordiante. Muerto de curiosidad, fisgó por la mirilla para desentrañar el misterio. Y cuando vislumbró a maestro y discípulo empeñados en ayudarse sin entenderse, con una voluntad de cooperación que se sobreponía a la evidencia de su inutilidad, comprendió las servidumbres de la caridad cristiana.

Más corrido que una mona, escondió en su faltriquera el martillo de herejes y momentáneamente aplacó a los que reclamaban la hoguera para sus verdugos exhortándoles a meditar en la naturaleza solidaria de esa lacerante discordia que ni los duros de oreja soportaban. Bajo cuerda, sin embargo, pidió a la Abogada de los Imposibles que erradicase ese cáncer de su grey.

El cielo acogió sus preces. Por aquel tiempo, los marqueses de*** visitaron la circunscripción buscando nuevos ejemplares para su afamada cuadra de caballos. Los marqueses poseían en la capital del reino una fundación protectora de jóvenes con talento artístico. Vacante la dirección de la misma, ofrecieron el cargo al mosén y admitieron a Venancio como becario después que el sacerdote les ponderase las peregrinas habilidades del mozo.

Ante la perspectiva de liquidar la cencerrada, el cura convenció al padre de Venancio para que renunciase a la preparación del muchacho. El padre aceptó separarse de su hijo cuando se le indicó que los marqueses costearían sus estudios. Nada objetó Venancio a los que decidían su destino porque, dócil pieza del sistema en que se crió, sólo abandonaba a la música su anemia sentimental. Y el día de la partida, su padre le confió el clarinete en el que aprendió las siete notas, con la expresión emocionada de su mayor deseo:

—Toma mi relevo, pero no tengas mi suerte.

2

PARA prevenir emboscadas al cruzar la sierra, infestada de bandidos, aconsejó rezar el mosén. Todos los pasajeros sacaron el rosario excepto unos liberales que regresaban amnistiados del destierro. Abroncóles el cura su displicencia, burláronse los otros de la superstición y enzarzadas ambas partes en disputa sobre la tolerancia de cultos, un vozarrón suspendió el litigio cuando no había comenzado la plegaria.

Se encabritaron los caballos, la diligencia se detuvo. Hombres armados obligaban a desalojar el vehículo a los viajeros. Precipitadamente Venancio ocultó el clarinete entre sus ropas pues si le privaban de él prefería perder la vida. Pero el mosén, que sorprendió su inquietud, le tranquilizó: esos atracadores eran emisarios de la Abogada de los Imposibles, encargados de confundir a los descreídos liberales.

Salió así al encuentro de los ladrones derramando latines. No consintieron los bandidos que perseverase en el error y enlazando el rosario a su garganta pidieron que identificara a Venancio entre los pasajeros. Con iluminada tenacidad prosiguió su recitado el mosén desestimando los apremios de los que le interrogaban. Hastiados éstos de su intransigencia y sin reparar en las monedas y joyas arrojadas por los viajeros para disuadirles de su neurótico objetivo, trataron de silenciar al que daba fe de su don de lenguas metiéndole papeles en la boca. Mas como el reacio al trágala los escupía para insistir en su piadosa letanía, antes que colgarle de un árbol o permitir que los caballos le arrastraran, los bandidos le largaron con viento fresco junto al sordomudo de la banda.

Zanjado el incidente, requirieron la presencia de Venancio. Al adelantarse el mozo a la llamada, el clarinete se desprendió de sus hábitos. Gravísimamente delatado se lo llevaron los facinerosos quedándose uno de retén con los pasajeros de la diligencia. Aterrado de morir sin gozar la gloria artística, Venancio se desmayó mientras le guiaban por un bosque.

Despertó a los dos días en una habitación cálida y perfumada, entre blandos almohadones y la amabilidad de Miguel, el jefe de la cuadrilla, que había planeado asaltar la diligencia al saber que transportaba a Venancio, pues siendo barítono vocacional antes que pregonado bandolero, quería que tan ilustre juez valorase sus aptitudes. No le retendría más tiempo del preciso, le gratificaría con largueza y, una vez emitida opinión, podría reanudar viaje con sus compañeros y reunirse en la ciudad con el testarudo mosén, al que vanamente intentaron explicar sus inocentes propósitos.

Ablandado por la sucesión de sorpresas, la espléndida moneda de oro y la abundancia de golosinas —de las que era devotísimo por la carencia en que su padre le tuvo durante su aprendizaje musical—, tanteó Venancio la agilidad de sus dedos y el grado de afinación del clarinete. El jefe de los bandidos hizo gárgaras con tinto del país, encaramó su pie izquierdo a un escabel y fijó los soñadores ojos en las estribaciones nevadas. En alfombras orientales se sentaron los bandidos formando corro respetuoso con sus mujeres y niños vestidos de zíngaros.

Potente y segura se alzó la voz de Miguel entre la esencia de los pebeteros. Su cálida invitación a la armonía traspasó el recinto, surcó el bosque y llegó hasta los ocupantes de la diligencia que, recuperándose de su postración al oírla y sacando fuerzas de flaqueza, decapitaron al centinela que les custodiaba y a trabucazos cayeron sobre la desprevenida audiencia cuando coreaba el parlamento del solista.

Mudada la fortuna de los primitivos asaltantes, unos quedaron para pasto de los cuervos y otros huyeron severamente castigados. Aleccionados por la desagradable experiencia, los viajeros limaron sus diferencias ideológicas y festejaron el feliz término de la aventura entre libaciones y cantares. Con la cabeza ocupada en el barítono bandolero y el rosario del mosén en las manos, Venancio se mantenía al margen del jolgorio.

3

LE SOBRESALTÓ el disparate de latigazos que se desencadenaba en la terminal de llegada. Preguntando por el director de la fundación, Venancio arrastró sus bártulos por malicioso pavimento cubierto de mutilados, quincalleros y pedigüeños. En esta tierra de promisión venerada por las moscas, carruajes enloquecidos por la fusta del mayoral arrollaban a los transeúntes incautos y recipientes de inmundicias vertidas desde las alturas manchaban a los remisos en atender la civilizada alarma de rigor. Aturdido por pregones y jaculatorias y por el recalentado hedor de los excrementos que nadie se molestaba en retirar, Venancio se creyó atrapado en la impía crucifixión de calles de esa urbe neoclásica que, edificada sobre llanura, petulantemente se ondulaba en cuestas y terraplenes.

Apostada en el zaguán de un caserón rectangular, una matrona opulenta picada de viruelas se apiadó de su extravío. Atravesando un patio con soportales, le condujo a una habitación del piso superior donde, tendido en el suelo, roncaba un viejo descalzo. Sin reparar en él ni identificar el albergue, Venancio se desplomó sobre el único lecho de la estancia.

Ya vencida la tarde, tanteaba en el equipaje para mudarse de ropa cuando notó que le faltaba el clarinete. Alarmado, prendió luz: su compañero de cuarto había desaparecido.

Desalado, Venancio salió tras el ladrón por el corredor donde se alineaban las viviendas. La gente, expulsada de los interiores por el calor, formaba grupos que entorpecían su persecución. Atento en distinguir la fisonomía del viejo entre los que conversaban, no advirtió las deposiciones de un asno, mansamente cruzado en el pasillo mientras el dueño le desceñía la albarda. Súbitamente desequilibrado por la imprevista velocidad de sus pies al resbalar, para no rebozarse de pringue, se aferró al pasamanos de una lóbrega escalera. Por ella bajaba cauteloso y aún no recuperado del susto, cuando magnífico estrépito heló su sangre: en la impenetrable oscuridad del desfiladero, el cuerpo de algún borracho medía los peldaños entre injurias de mujer y desencantados murmullos de enamorados que, interrumpidos en su solaz, prometían escarmentar al intruso.

Amparándose en los ofendidos, escapó Venancio de aquel nido de pesadumbres y violencias y espantando perros y gallinas desembocó en el patio de soportales: criadas cortejadas por gañanes pícaros depositaban vajilla en una gran mesa instalada en el centro, el sacamuelas extraía quejidos a su paciente, afinaba un ciego su laúd con destemplado timbre y una panda de chiquillos había arrebatado su muleta a un cojo, que blasfemaba heroico. En una esquina saltó la bronca entre los que ventilaban la partida de naipes: por el suelo rodaron las monedas del juego y los tahúres desperezaron las navajas.

Rastreando la pista del fugado con la mierda del asno en sus botas, Venancio infectó cocinas y alborotó establos. No dejó rincón de la residencia sin escrutar y si no consintió reposo a sus indagaciones, tampoco se lo concedieron los interrogados por él pues en cuanto le olfateaban se escabullían.

Perfectamente desmoralizado por su baldío intento tornó a la habitación. Desde que partió del pueblo le sobrevenían desgracias y era la peor de todas perder su único medio de fortuna. Pesaroso de defraudar las ilusiones de su padre, no prestó oído a una charanga que tocaba en las cercanías hasta que el inconfundible sello de un clarinete se le impuso y, en la esperanza de que fuera el suyo, acudió a comprobarlo. Traspasó anhelante el cuarto y se creyó en otro mundo: la decoración había cambiado y el ambiente del caserón, que su tristeza le pintó tétrico, relucía ahora.

4

EN EL patio engalanado no cabía un alfiler y caras jubilosas se asomaban en el corredor. Completamente recuperado de su percance con los bandoleros, el mosén dirigía la orquestina que se colocó en el zaguán, abriendo calle a los personajes. Un clamor de entusiasmo celebró la presencia del anciano al que Venancio acusaba de ladrón: vestido de pana negra, portaba en su mano derecha la vara de corregidor. A respetuosa distancia, de mantilla y abanicándose con brío, avanzaba salerosa la mujer que le proporcionó hospedaje. Y mientras Venancio se desojaba buscando el clarinete que percutía en su cerebro, la multitud saludaba a los recién llegados gritando:

—¡Vivan los marqueses de la fundación!

Presidió la pareja la amplia mesa y en tanto la servidumbre escanciaba comenzó la audiencia. Varios actores destocados formulaban sus cuitas, los marqueses fallaban el pleito y la gente aplaudía el dictamen aunque no lograse escuchar las tesis de los litigantes ni el veredicto de los jueces por hallarse enfrascada en bromas y rechiflas. Concluyó la sesión e iniciado el banquete, cesaron bruscamente las conversaciones cuando, a discreta indicación del mosén, sonó música bien templada. Todos permanecieron a la espera de desentrañar su ritmo hasta que, repentinamente vibrantes las castañuelas que, para asombro de Venancio, guardaban en sus bolsillos la mayoría de los presentes, la señorial armonía adquirió con ellas renovado vaivén.

Ya éste bien punteado, definidas las distancias de compás y firmemente aplomada la tonadilla, precedidos de un portaestandarte enlutado y enano que en el pendón mostraba la denominación del grupo, pisaron el escenario los Joteros de Amposta. Con el rostro radiante y las afectadas maneras de los zíngaros que corearon la romanza del bandolero Miguel, circunvalaron los soportales y se alinearon en el centro del patio con la cabeza gacha, en respuesta al aplauso de bienvenida de los espectadores. Envararon luego los cuerpos para proyectarlos al movimiento del baile. Y nada más trenzar los primeros pasos con lozano repiqueteo de castañuelas y palillos, la muchedumbre complacida por la belleza del artificio exhaló formidables olés.

Así embarcados los espíritus en emotivo énfasis, modulando la copla del vito surgió del fondo el solista atildado que Venancio identificó con el barítono Miguel y, comoquiera que unas gargantas apoyadas por bandurrias preclaras propusieran secundarle con el estribillo de mariquilla que pintiparado venía con música y baile, todos los miembros de la fundación allí presentes, sobrecogidos por la melodía y forzados a suscribirla, abriéndose de piernas al unísono y reposando en jarras las manos, apuntalaron el lema de la repompolluda que mea en la cama y dice que suda.

La hermosísima consonancia estremeció al marqués que, a la voz de arsa pilili, se encaramó a la mesa y la

sembró de cristales al zapatear a su gusto en la pulida
vajilla mientras exhortaba al frenesí a la coral. No sin
trabajo le descendió el mosén para que desvelase la
placa conmemorativa de la inauguración del comedor
de la fundación. Pero al aferrarse al cordón del lienzo
que la cubría, el marqués en vez de descorrerlo, lo atoró.
Exasperada la marquesa por la torpeza de su esposo, en
el deseo de emular su vandalismo o revelando su entra-
ña de fiera corrupia, bautizó la pared con la botella de
espumoso cuando todos trataban de leer la inscripción
grabada por el artista Mogascio, salpicándoles indis-
criminadamente de vidrio y líquido.

Arrebatada por el jaleo subsiguiente, la colación copiosa y el reconfortante ultraje al principio de autoridad, la concurrencia derribó las barreras de la circuns-
pección y se mezcló con los bailarines. Intensificaron
éstos sus taconeos, prolongaron cantores y público el
calderón final, evaporóse el solista sarasa, parpadearon
las luces, se esfumaron la marquesa y el mosén y sobre
el oído del embelesado Venancio que sólo con música
se enternecía, retumbó la palabra del hombre que, sin
vara de mando ni cuerpo de jota, todavía descalzo y ya
despierto, miraba con envidia el clarinete que Venancio
asía, tumbado en la única cama de la habitación.

—¿Dónde lo robaste? —repitió.

5

—CREÍ que me lo habían robado —contestó Venancio
estupefacto.

Se hallaba donde le hospedó la matrona picada de
viruelas y le acompañaba el harapiento que dormía descalzo en el suelo. La imaginación onírica de Venancio
les había unido en matrimonio y otorgado título de
nobleza.

Avergonzado de confundir con un mendigo al marqués de la fundación, Venancio se levantó a buscar papel pautado para transcribir la tonada que oyó en
sueños. Un crujido de tablas le obligó a volver la cabeza: el anciano se apresuraba a tumbarse en la cama
que había desocupado Venancio y desde tan conforta-

ble trinchera le proponía pactar el uso del catre: como él solía dormir por las mañanas, Venancio podía utilizarlo por las noches, con lo que ninguno alteraría sus hábitos.

Venancio, que escribía música sentado en el suelo, delegó su decisión en la posadera. Airadamente rechazó su compañero este arbitraje, Venancio transigió para que le dejara trabajar y así cerrado el trato, el anciano, en señal de acuerdo, le tendió la mano con la que acababa de minarse las narices. Rehusó estrechársela Venancio por higiene y porque no achacase el anciano su repulsa a falta de confianza, le comunicó que componía un bolero para acreditarse como becario de la fundación. Obra que pensaba dedicar al marqués, no ya por adulación interesada sino por su destreza como bailarín.

—No hagas gilipolleces —dijo abruptamente el anciano.

Dándose por no enterado de la impertinencia de su interlocutor, pues sólo le salvaba de una réplica adecuada su avanzada edad, Venancio se llevó a los labios el clarinete para ofrecerle fragmentos de su composición. Pero en seguida hubo de interrumpir el concierto. Sacudido por sollozos y estornudos, el anciano no se consideraba digno de la dedicatoria. Y como Venancio insistiese en que no era su ocasional acompañante de celda el homenajeado sino el serenísimo señor marqués, dueño de la fundación, el insolente viejo excusó su arrebato sentimental en el embrujo de la música castiza que, introduciéndose en sus entrañas como un sacacorchos, le incitaba a las confidencias.

El anciano se declaró rico pero desdichado. Su mujer, propietaria de una cuadra de caballos y del título de marquesa, se codeaba con la aristocracia relamida de intelectuales afrancesados. No así él, que había apostado por el pueblo ya que llevaba en sus venas sangre colorada, apetito de aventura y mucha gracia de Dios. Nada habría que lamentar si los cónyuges se respetasen los respectivos gustos. Pero ella se oponía a la confraternización que él predicaba con el ejemplo y si le pescaba de correrías con majas y lidiadores, le mantenía durante un tiempo descalzo para que no pudiese bailar y le castigaba a dormir en el suelo de la fundación. Con estas sanciones, el marqués consorte no se recuperaba de un catarro crónico. Peor era, sin embargo, cuando le azotaba con la garrota de sus amigos majos, el torero Higinio y el barbero Amós, porque cubierto de cardenales le intimidaba alternar con la chusma.

Recabando la complicidad de Venancio, el anciano le advirtió que no debía saber la marquesa que compartirían el catre. Horas antes, la mujer le había privado de zapatos y de su cama en palacio por bailar encima de una mesa, con la amenaza de prolongarle el castigo si intentaba camelarse al nuevo becario de la fundación, en cuyo cuarto cumpliría condena.

Antes de vanagloriarse de su don profético, porque la pesadilla que había soñado coincidía con la realidad, Venancio preguntó abiertamente a su interlocutor si la matrona picada de viruelas era la marquesa y este edificio donde conversaban, la fundación de los marqueses de***. El anciano no lo negó.

—Entonces tú eres el marqués —dedujo Venancio atónito.

Después de sonarse con la mano y restregarla por sus harapos para librarla de mocos, el anciano se dobló en una reverencia:

—Para servirte.

Tomándole la palabra y francamente conmovido de que su indigencia le abocara a representar tales fantasías, Venancio le contrató como guía a cambio de calzado y salario. Contentísimo, el anciano se probó unas botas del músico mientras ponderaba sus dotes de cicerone. No había nacido en la Corte pero conocía su trazado de pe a pa y, si se despistaba, le orientaban los Joteros de Amposta.

6

INMEDIATAMENTE Venancio deseó ser conducido ante el director de la fundación. El anciano le llevó hasta una dependencia próxima al zaguán de entrada en el edificio.

Venancio esperaba encontrarse con el mosén. Pero muy recientes acontecimientos políticos, conectados con algaradas de bandoleros en las inmediaciones de la capital, le habían desplazado del cargo en favor de uno de los exiliados que viajaron con el músico en la diligencia. Creyó Venancio que el sustituto le reconocería. Mas no contaba con la necia vanidad del rápidamente encumbrado que, con distante empaque, aparentó desconocer al que tanta relevancia cobró en el azaroso recorrido.

Enfundado en casaca elegante y con una especie de redecilla en los aladares que conservaba engomados sus primorosos bucles, el director le escuchó sentado en una escribanía de nogal, consultando legajos. Soltó al rato la pluma de ave, adelantó el torso, dobló su codo izquierdo en la mesa para apoyar la mano en la mejilla y permaneció abstraído en esa postura típica del enamorado de las musarañas que reflejó en cuadro célebre el pintor Mogascio hasta que, recobrado de sus meditaciones sobre el porvenir de sus compatriotas, arqueó las cejas con sorpresa. Podía jurarse que veía por primera vez al solicitante. Suponiéndose identificado, Venancio corrió a besar la mano de su seguro bienhechor. Pero esa pulida mano se irguió prohibitiva al avance del joven cual metrónomo implacable y con garboso abaniqueo de su palma le echó a la calle cuando Venancio se dispuso a acreditar con el clarinete los méritos expuestos de palabra.

Menos intrigado por el súbito término de la entrevista que por interpretar su mensaje final, pues el gesto displicente de la mano lo mismo podía significar ruptura de relaciones que improcedencia de aportar pruebas, Venancio abordó a su criado en los soportales del patio, donde se marcaba un bolero, y le pidió parecer sobre el controvertido ademán del director de la fundación, al que sus correligionarios denominaban Melchor con repelente familiaridad.

Después de remedársele muchas veces el manoteo del petimetre ante un número creciente de ociosos para los que el ejercicio de mímica correspondía a una función de títeres, el anciano rechazó que Melchor hubiese pretendido con su aspaviento conjurar las desgracias que solía desencadenar Venancio al tocar el clarinete, como trágicamente comprobaron en el viaje de la diligencia. Con ese gesto —siguió comentando el anciano—,

Melchor le enviaba con la música a otra parte —concretamente al cercano convento de las Arrepentidas donde oficiaba el mosén— y no de forma despótica sino ilustrada: con clarividencia de intelectual, el director de la fundación había observado que los conocimientos musicales de Venancio, superiores a los exhibidos por los demás becarios, se orientaban por unos rumbos nacionalistas, populares y canallas opuestos a la tendencia italianizante que predominaba en los ambientes aristocráticos. De ahí que Melchor se desentendiera de educarle.

Intranquilo con el dictamen del anciano partió Venancio en busca del mosén y no habría andado mucho cuando le dio alcance el jovencísimo recadero de la fundación. Con semblante alterado y voz entrecortada por la carrera, Román le instaba a regresar. Mayúsculo escándalo se había desatado en su cuchitril. Forcejeando con la piña de curiosos, Venancio se colocó en primera fila y la revelación del infortunio le anonadó: contundente y certera, la matrona que le dio albergue golpeaba al anciano bailarín que, ovillado en el suelo y de nuevo descalzo, mezclaba sus ayes con las imprecaciones de la harpía contra el bolero y con las apostillas de los espectadores de la escena.

Dos jaques farrucos armados de garrotes interrumpieron la brutal paliza. Apartada del anciano, todavía tuvo arrestos la mujer para escupirle. Después carbonizó a Venancio en fulminante mirada de desprecio e ignorando olímpicamente a los que la redujeron, desapareció en un carricoche que aguardaba en el patio.

Gemía la víctima preguntando por sus leales mientras los majos indagaban previsibles fracturas en su cuerpo quebrantado. Una violenta contorsión del auscultado les inquietó. Venancio le oyó suplicar, con la vista dislocada y la lengua estropajosa, que no le hicieran cosquillas en el reconocimiento.

7

Sentados sobre una manta en un rincón de la habitación, los jaques echaban la partida mientras Venancio velaba a la cabecera del anciano. El incidente se comentaba en el corredor; unos consideraban desmedida la reacción de la mujer contra el bolero; para otros, el hecho se inscribía en un legítimo ajuste de cuentas. Sus voces despertaron al doliente que, aturdido aún por los mamporros, reafirmó su fe en la democracia.

Cortó su proclama el recadero Román. Traía las botas del anciano y decía que la marquesa las había arrojado a la basura para que su esposo no volviera a desafiar sus prohibiciones. Muy irritado por las confianzas que se tomaba, Venancio le negó propina por el servicio y prometió quejarse a su madre. Remoloneó el recadero por el cuarto alardeando de inocencia y como Venancio no daba marcha atrás y los jugadores estaban a lo suyo, se largó blasfemando.

Román tropezó en su salida con el director de la fundación. Melchor saludó displicente al anciano y, sin informarse de su estado, pasó a criticarle sus costumbres. Aseguró que la marquesa, furiosa de saberse desbancada por majas del arroyo, seguiría pegándole si no se enmendaba. Quitó hierro el anciano a unos reproches que entendía inspirados en el recelo de Melchor a la música española y achacó al temperamento suspicaz de la dama las interpretaciones maliciosas de sus números de baile. Como si por mencionar a la marquesa la ofendiera, exigió Melchor una rectificación a esas alusiones que sin dificultad concedió el anciano. Charlaron a continuación de toreros y caballos y después de intercambiar votos de prosperidad, Melchor se ausentó sin interesarse por las lesiones del enfermo.

Por ellas le preguntó entonces Venancio. Pero el anciano prefirió describirle el cabello de la tonadillera que amaba. Al fluir de su elocuencia, los Joteros de Amposta, con pendón y bandurrias, invadieron el cuarto cantando reciamente. Como no cabían todos, Venancio solicitó que se retiraran en consideración al enfermo. Mas éste ahora se mostraba radiante, sin visos de dolencia o pesares. Y cuando, más por hacerse respetar que en deferencia al anciano excéntrico, Venancio se declaró propietario de esa vivienda y responsable de la curación de su sirviente, sordo estupor paralizó a los Joteros de Amposta que suspendieron sus sones, un escupitajo se grabó en la cara del músico y mal lo habría pasado éste en manos de los que le embestían, de no mediar oportuno el anciano desde la cama exigiendo para su compadre igual respeto al que se tenía con él.

Cesó al instante la animosidad jotera y los que pretendían matarle hace un momento, le prometieron amistad eterna. Eran los más efusivos los que primero socorrieron al anciano librándole de mayor quebranto: el torero Higinio y el barbero Amós. Fumaban espatarrados y reposaban en el hombro izquierdo la manta de arriero. Con majestuosa sencillez, ofrecieron a Venancio sus vidas. Más modestamente quiso éste saber si la mujer que pegó al anciano era su esposa. Sin responderle, los jaques se arrojaron sobre el encamado, le incorporaron a un sillón de paja que aportó presurosa Encarna, la madre del recadero Román y, con galana prosopopeya, le alzaron como un paso de Semana Santa. Tímidamente, Venancio intentó oponerse al traslado. Higinio le disuadió con una referencia al enfermo:

—Ni muerto se perdería el baile de Dora.

Anónima garganta incoó el bolero. Todos repitieron el estribillo que el anciano dirigía desde su altura. Asediado por Román, que a instancias de su madre, le reclamaba la propina pendiente, Venancio desfiló por las calles silenciosas de la ciudad con los que aclamaban al marqués bailarín.

8

ANTE el candil colgado de la puerta se detuvo la caravana y en tumulto se introdujo transportando en volandas al anciano. Sin preocuparse de los destrozos que causaban a su paso, el torero Higinio y el barbero Amós, jefes de la cuadrilla, depositaron el sillón del bailarín en lugar preferente y defendieron la posición conquistada formando barrera circular con los restantes miembros del séquito.

Todo se desarrolló a tal velocidad y con tan ejercitada estrategia que la sorpresa paralizó a los desplazados que no rodaron por el suelo entre patadas y pisotones. Dora, que subida a una plataforma bailaba el bolero punteado a la guitarra por un majo con antifaz, se retiró.

Su desaparición solivió los ánimos y los removidos de la plaza que ocupaban arremetieron contra los usurpadores a los que increpaban por haberles privado del espectáculo. La resistencia de los guardaespaldas del anciano les enardecía y su furia se propagaba al exterior, donde los atraídos por el jolgorio que anunciaba el candil, prensaban las espaldas de los inmediatos para hacerse un sitio. Los de fuera culpaban a los de dentro de no dejarles ver y éstos a la comitiva del anciano de interrumpir la función. Ignorantes de la ley de impenetrabilidad de los cuerpos, todos se acusaban de obstaculizar un empeño imposible, porque sólo si unos salían de la casa podrían entrar otros. Algunos desesperados se encaramaban a los hombros del más próximo pero no se les agradecía que dejaran hueco. Envidiándoles la ocurrencia que les permitía disfrutar del panorama vetado a los demás, se les procuraba apear de su privilegiada atalaya.

Indiferente al perjuicio que había provocado, el anciano se quejaba del desplante de Dora. Higinio pasó a la trastienda a persuadirla.

—Palabras no borran hechos —comentó reticente Dora después de las explicaciones de Higinio.

—Te sentaré las costuras —amenazó el torero enarbolando el vergajo donde podía leerse: «Calienta pero no quema.»

El guitarrista enmascarado, que aguardaba la ocasión de intervenir canturreando el perulillo, se adelantó y, pegando su rostro al del torero, deletreó en su oído:

—Recuerda que todo chulo maneja la vihuela como el trabuco.

Higinio volteó el garrote. El guitarrista retrocedió unos pasos que Dora avanzó, plantando cara al insolente. Matados a propósito los candiles, se buscaron decididamente los cuerpos mientras chillaban las mujeres y volaban desorientadas las sillas. Sobre el follón predominó una voz de barítono que Venancio recordó haber escuchado en el bosque de los bandidos. Cuando se hizo la luz en el escenario, Amós masturbaba al anciano, que murmuraba frenético:

—Mecachis tu pelo, Dora.

El guitarrista se acercó a la bailarina, desconsolada

por la·rotura de su vestido en la refriega y deslizó en su mano una moneda de oro idéntica a la que Miguel regaló a Venancio. Quitándose luego el antifaz, se identificó ante todos como el bandido generoso que cuando le llamaban los pobres aparecía.

La cuadrilla, vencida, abandonaba el local con el anciano a hombros. Miguel advirtió al camorrista:

—Deje tranquilo al pueblo, marqués.

Y mientras Dora, subida a la tarima, alzaba los brazos suplicando el favor de Miguel, que en su honor cantaba el bolero, una cohorte de alguaciles, alertada por la marquesa de la fundación, se ponía en movimiento para prender a los anfitriones de la fiesta donde su marido fue desairado.

9

EN NOMBRE de la marquesa, comunicó Encarna a Venancio que su hijo Román tenía orden de conducirle a palacio. No fue más explícito el muchacho y a paso de carga, esquivando borricos y canes, recorrieron vías malolientes alfombradas de mendigos que pregonaban la mercancía de su miseria con el timbre imborrable de los Joteros de Amposta. Casi a las afueras de la ciudad, a la orilla de un arroyo tan pomposo de nombre como avaro de curso, rindieron viaje. Se hallaban ante un edificio aislado, descuidado y sombrío, residencia de los marqueses de***.

Subiendo la escalera de mármol que se abría en el vestíbulo, desembocaron en una salita donde dos gentiles camareras, la morena Rosa y la rubia Nieves, despidieron a Román y guiaron a Venancio a través de un largo pasillo tapizado con escenas de caza. A ambos lados se extendían habitaciones decoradas con porcelanas y relojes. Primorosas lámparas colgaban del techo y un aroma de clavecín emanaba de sillones y consolas. Al final del pasillo se retiraron la morena Rosa y la rubia Nieves con delicada reverencia. Venancio apartó la cortina que cubría una puerta, traspasada la cual, viva claridad le cegó.

Pisando mullida superficie, se orientó tras un rumor

de conversación que acariciaba sus oídos hasta que acostumbrado al resplandor que bañaba las imponentes dimensiones de la estancia logró distinguir al fondo, bajo soberbio dosel, a un hombre y una mujer sentados en compañía de un perro, profundamente dormido junto a un clavecín.

Giró la cabeza la dama, vestida de mantilla y peineta. Inclinándose sobre su terso escote, el caballero parecía pasarle referencias del advenedizo. No hablaba, desde luego, sin conocimiento de causa. Era Melchor, el director de la fundación, el contertulio de la señora y ésta, la matrona picada de viruelas que, radicalmente transformada en atuendo y modales, alojó a Venancio a su llegada a la capital. Venancio entregó la partitura del bolero a la dama, que acogió complacida el envío. Pero al leer la dedicatoria al marqués, exclamó indignada:

—Ese aquí no baila.

Y lanzando al joven la mirada de la harpía que vapuleó al anciano, le preguntó dónde escondía la yegua que, como becado de la fundación, debía regalar a los marqueses en pago de su estancia. Manifestó Venancio que ignoraba el requisito y automáticamente la dama le devolvió la partitura advirtiendo a Melchor:

—Este aquí no medra.

Ante la perspectiva de quedarse sin beca, reiteró Venancio su ánimo de contribuir y puso al mosén por testigo de su solvencia. La sarcástica intervención de Melchor criticando la osadía de apelar a un farsante, desconcertó sobremanera a Venancio. Pero su estupor aumentó cuando el sacerdote compareció al ser aludido, narrando deslumbrado —y sin reparar en Venancio— el martirio que le infligieron los bandoleros. Burlándose de su aparición efectista comentó Melchor que el mosén, como cualquier cura, sólo ganaba prestigio divulgando infundios.

Venancio deseaba saber por qué el mosén le ocultó el requisito de la yegua. Melchor respondió que el cura únicamente pretendía alejarle del pueblo.

Entonces Venancio preguntó a Melchor por qué le expulsó de su despacho. El cura se adelantó a informarle que, como recomendado suyo, también él había caído en desgracia.

—No conozco peor fortuna —recalcó Venancio desolado— que la de los bandoleros de Miguel. Recibieron mayor daño del que hicieron y pagaron con su vida la afición a la música.

—¿Cómo te atreves a manipular la historia? —increpó a Venancio el director de la fundación. Y tras pellizcar rapé, puntualizó—: Todos los viajeros sufrimos el asalto menos tú.

Sin más ganas de hablar, Melchor ahuyentó a Venancio con el consabido abaniqueo de la mano. Pero la marquesa retuvo al joven porque le interesaba cuanto se relacionase con Miguel.

—La marquesa desea redimirle para la causa —susurró el mosén en la oreja de Venancio.

Le oyó Melchor y se enzarzó con el sacerdote. Despertó el perro a la disputa entre el oscurantismo y las Luces. Venancio abandonó el salón cuando lo franqueaba el pintor Mogascio y desde el privilegiado punto de observación donde éste retrataba a sus personajes, contempló a Melchor besando a la marquesa mientras el mosén gemía abrazado al perro:

—¡Confunde, Señor, a los liberales!

10

RECHAZADO por el director de la fundación y sin recursos para tributar como becario, Venancio escribió a su padre que no merecía la reprobación de quien no se molestaba en examinar sus aptitudes. También le anunció que componía una zarzuela de capa y espada. Ambientada en época goyesca, actuaban como bandidos, marqueses y Joteros, gentes humildes y encopetados aristócratas que había conocido en la capital.

En esta zarzuela se narraban las peripecias de un joven músico que salía de su pueblo, le asaltaban los bandidos y llegaba a la fundación de unos marqueses donde culminaría sus estudios. Venancio centraba la acción de su obra en esa gran casona en la que actualmente se alojaba. Describía su habitación, el corredor del piso alto y el ancho patio de soportales donde dispensaban justicia los marqueses.

En la fundación había dos bandos: Melchor y la marquesa favorecían la música italiana; el marqués y sus Joteros, la tonadilla española.

Impulsado por convicciones ideológicas más fuertes que las ataduras de clase, el marqués había abandonado su lujoso palacio y, miserablemente trajeado, compartía democráticamente las penas y las alegrías de los becarios de la fundación. Eran sus amigos los tipos del hampa y el amor de su vida, una bailarina de boleros. La marquesa, irritadísima con el que despreciaba su linaje y las lindas viruelas de su rostro, castigaba durísimamente los devaneos de su consorte.

Afanado en musicar sus vivencias, concluía Venancio un terceto entre la marquesa, el mosén y Melchor a propósito del episodio de los bandoleros —que cada uno de estos personajes enjuiciaba a su arbitrio— cuando su anciano camarada se personó en la habitación.

Venancio sometió a su criterio lo que acababa de componer y le informó de su malograda entrevista en palacio. Para consolar al artista incomprendido, el anciano le regaló un pastel que mangó de la cocina. Y mientras expulsaban del recinto a un enjambre de volátiles convocados por la serenata, le invitó a formar parte de los Joteros de Amposta. Éstos interpretarían en bodas y bautizos sus creaciones, con lo que Venancio sacaría suficiente para ganarse el pan.

Venancio aceptó esta oferta y otra del mosén que, pesaroso de haberle embarcado en un proyecto que no se cumplía, se proponía como preceptor suyo. Por inquina a Melchor, el mosén cultivaba ahora el género castizo aunque en su repertorio de autor figurasen numerosas pavanas y contradanzas.

Vivía el mosén en un pabellón construido para la servidumbre en el perímetro de palacio. Le atendían su ama de llaves Sagrario y la hija de ésta Rosarito, a la que el cura impartía clase de solfeo.

Temprano y ya oficiada misa en el convento de las Arrepentidas acogía el mosén a Venancio en una salita de su casa que abría sus ventanas al jardín de los marqueses. El joven desenfundaba el clarinete, el mosén se sentaba al clave y, discutiendo con Venancio arreglos y variaciones de piezas propias y ajenas —sin tapar sus oídos para concentrarse sino receptivos a la música del otro—, pasaban tan entretenidos la mañana que ya se hizo costumbre aceptar de comensal a Venancio. Levantados los manteles, la niña recitaba su lección hasta media tarde. Entonces los hombres daban por finalizado su trabajo y bordeando la vereda donde el pintor Mogascio plantaba el caballete cuando necesitaba paisaje de fondo para sus retratos, entraban en palacio.

Alzaba la frente la marquesa al recibirles en el amplio salón, amarillo en el atardecer dorado. Sorbía rapé Melchor mientras admiraba los tapices de Mogascio. Quitaban de la mesa las camareras morena y rubia labores de costura y servicio de naipes. Extendían sobre la desnuda superficie de madera el mantel bordado por las monjas de las Arrepentidas. Tiraba la marquesa de campanilla y en magnífico transporte desde la cocina remota llegaba humeante el chocolate confeccionado por la experta Encarna, la madre de Román, el recadero de la fundación.

Rápido merendaba el mosén sin intervenir en pláticas y se retiraba al rincón del clavecín, donde se le unía Venancio. Sonaban en la sala teclado y clarinete, asediaban las camareras Nieves y Rosa al pintor Mogascio para que las utilizara de modelos en sus lienzos y la marquesa plegaba sus ojos ruborizada a la encendida palabra de Melchor. La noche insinuaba sobre el salón su discreto terciopelo y antes de prender luces se despedía el mosén, desalentado por la primacía que Melchor ostentaba a sus expensas.

Un atardecer, mientras se retiraba, le sobresaltó fragor de cornetas. Todos se asomaron al balcón. De vuelta de unas maniobras, Fabián mostraba sus efectivos en la explanada del jardín. Hasta bien entrada la noche estuvo el militar bizarro relatando lances heroicos que el mosén escuchaba boquiabierto. No así Venancio, que aprovechó la circunstancia de vivir en la fundación para excusar su salida de palacio y, amparado en las sombras, acudir a la reja de Rosarito.

Azacaneando entre los soldados de Fabián por su afición a la milicia, Román sorprendió amartelados a Rosarito y Venancio. Y como se la guardaba al músico desde que le negó propina, asesorado por su madre Encarna, comunicó al mosén la noticia bajo secreto de confesión.

No le desagradó al sacerdote el noviazgo pero sí a Sagrario, que se atuvo a la corta edad de su hija para desestimarlo y reclamar el destierro de Venancio por temor a las habladurías.

El mosén, que vio en peligro su colaboración musical con el joven, decidió trasladar las clases al convento de las Arrepentidas. En franco coloquio con Venancio, le prohibió entrevistarse con Rosarito, pero toleró que se carteara con ella siempre que Román fuese el enlace.

Venancio dejó de frecuentar palacio. Fabián ocupó su asiento en las chocolatadas y arrebató a Melchor los favores de la anfitriona. Desde ahora, la marquesa fue escoltada por el militar en sus expediciones de caridad a la fundación, cuando disfrazada de posadera y sin borrar sus viruelas con afeites, reprendía las infidelidades de su marido. Y se sospechó que desahogaría en Fabián su frustración de preterida.

El desdeñado Melchor se reconcilió con su adversario el mosén y gentilmente le ofreció su despacho de la fundación para que diera un recital con su discípulo. Así pretendía demostrar a la marquesa la superioridad de las letras sobre las armas.

Pero Fabián se rompió la pelvis al caer del caballo en una de esas excursiones de escarmiento y amor que la pareja prodigaba. Privada de cortejo, la marquesa obtuvo en Melchor el recambio erótico que el reposo de su guerrero le autorizaba efectuar. Y el director de la fundación, al no necesitar ya el celestineo de la música para intimar con la marquesa, ordenó aplazar en señal de duelo el concierto de Venancio y el mosén hasta que Fabián se recuperara.

Harto de humillaciones, el mosén resolvió cortar por lo sano el zascandileo de la marquesa. Creía que su determinación, dura pero inevitable, le restituiría su perdida preeminencia.

Por eso llamó a Román y mirándole fieramente a los ojos le exigió que jamás revelase quién le dio la carta que debía entregar al marqués.

De camino, Román coincidió con Higinio, Amós y los Joteros. Todos transportaban en vilo al marqués, que se había emborrachado a conciencia tras inaugurar con la marquesa el Hospital de Pobres. Uniéndose al grupo, Román introdujo el anónimo del mosén en el bolsillo del beodo cuando éste, apoyado en la vara de corregidor que sólo usaba en actos oficiales, echaba el alma por la boca después de ingerir agua caliente.

Feliz de liberar su estómago de penas y su persona de compromisos sociales, el aristócrata cometió la candidez de encargar al recadero que llevase a Dora una entrada para los toros. A condición de presenciar el espectáculo acompañado de la bailarina, había accedido el anciano a fundar un hospital para el quebrantado amante de su mujer.

Como el anciano no retribuyó por adelantado esta misión, Román no la cumplió. Aconsejado por su madre, fidelísima servidora de palacio y siempre pendiente de lo mejor para sus hijos, Román proporcionó esa entrada a la marquesa. Y siguiendo órdenes de ésta, citó a Melchor y al mosén el lunes en las inmediaciones de la plaza donde Higinio, esa tarde, tomaría la alternativa.

12

DESDE primeras horas del lunes, sitiaban la vivienda de Higinio peticionarios de billetes y admiradores del diestro. Éste, previsor, se había alojado la víspera en la barbería de Amós, de donde salió a mediodía, rasurado y perfumado. Jactancioso y cabal, daba el brazo a su amigo el barbero que, levantando la vista a terrazas y balcones, exhortaba a la gente a aplaudir al lidiador bajo pena de bronca.

Era tiempo de almorzar mas no hervía el puchero porque todos rivalizaban en atender a Higinio. Nadie, sin embargo, tenía el privilegio de vestirle salvo Amós, que lo hizo a solas y con reposado deleite mientras los Joteros de Amposta, voluntariamente recluidos en el convento de las Arrepentidas, suplicaban a la Abogada de los Imposibles que los cornúpetas respetasen las femorales de Higinio.

Del patio de la fundación arrancó la comitiva. Higinio, Amós y las camareras de la marquesa, con mantilla y peineta, iban en el carricoche de ésta que Román conducía. Los Joteros de Amposta, con las majas a la grupa del caballo enjaezado, entonaban pasodobles.

El polvoriento descampado que ceñía la plaza rebosaba de público sofocado por un sol de justicia. Todos desmontaron de carruajes y cabalgaduras excepto Higinio que, en agradable premonición de triunfo, penetró en el coso a hombros de una multitud vociferante.

Chisperos y manolas pisaban el ruedo con desenfado y tronío. Vendedores de anises, refrescos y barquillos se mezclaban con guardias y criadas. El escuadrón de Fabián, mandado por el lugarteniente Cosme, procedió al despeje. Amós, Venancio y el marqués se colocaron en una barrera. El pintor Mogascio, que en ocasiones como ésta se firmaba Mogacho, ocupó un tendido flanqueado por Nieves y Rosa.

Arrimado a una botella de orujo de la que invitaba a todo el mundo a echar un trago, el anciano entorpecía el inquieto discurrir de la cuadrilla de Higinio. Y aunque más pendiente del graderío que de la lidia por si distinguía a Dora, trató varias veces de saltar al albero a enfrentarse con el morlaco que había abatido tres jamelgos en la suerte de varas. Mas cuando Román le avisó, se olvidó de pendencias y agarrándose al recadero, salió en busca del amor pasión.

La brusca alternancia de sol y sombra le cegó. Aristócrata y lazarillo se detuvieron en un arco mudéjar, frente a la estatua de mármol que rendía homenaje al bolero. Transfigurada por la luz, el anciano la imaginó criatura y no pieza decorativa. Conmovido de que Dora le aguardase en posición de danza para desagraviarle del desprecio que le infiriera en el baile de candil, avanzó a su encuentro envarado, chascando los dátiles y taconeando elocuente. Pero al extender las manos hacia la figura, comprendió su obcecación.

—Mecachis tu pelo, Dora —maldijo muy descompuesto.

Defraudado por el talle de bronce, voceó a Román. Un caballero embozado en su capa pese a la solanera, le preguntó si llamaba a Dora. Asintió el anciano. El caballero, que rehusó beber de la botella, le encaminó hasta una calesa parada en un figón, fuera de la plaza.

Sugerente, se abrió la puerta del carruaje. Volvió el marqués a perfilarse, erguido el palmito y los brazos al cielo. Mas la visión de la marquesa bajando del coche como un basilisco le espantó. Doblando las rodillas del susto se descalzó antes de que se lo exigiera. La marquesa tomó las botas prestadas por Venancio y, apropiándose también de la botella de orujo, recordó a los clientes del figón:

—Este aquí no bebe.

Dentro del vehículo, oraba el mosén por el feliz resultado de la emboscada. A espaldas del humillado marqués, se revelaba Melchor como el embozado que le tendió la trampa.

Un alarido estremeció la plaza. Partió el carruaje y el marqués tornó al coso. En la barrera no estaban sus amigos. En la arena, el toro se ensañaba con un capote. Saltó al callejón el marqués, dispuesto a encunarse con el morlaco. El vino trasegado acentuaba su desesperación. Toreros y paisanos que marchaban a la enfermería le disuadieron de sus propósitos suicidas. Tendido en un jergón, lívido y cubierto hasta el cuello con una manta, yacía cadáver el infortunado Higinio. Joteros de Amposta encomendaban compungidos su alma a quien suplicaron salvase su cuerpo. Mogacho sacaba apuntes de su gitano perfil. Amós observaba al difunto con enloquecidos ojos y de vez en cuando, sin poder reprimir las lágrimas, le besaba golosamente en los labios.

13

EL BARBERO perdía un amante y la torería un ídolo. Los espectadores vaciaban sus localidades mientras un sobresaliente medroso inhabilitaba al animal a picotazos. Intrépidos gacetilleros pregonaban la muerte de Higinio que los ciegos cantarían por las esquinas. Descalzo y afrentado abandonó la plaza el marqués, pidió una botella de orujo en el figón y al echar mano al bolsillo como si fuera a pagar lo que no iba a servírsele por tajante disposición de la marquesa, reparó en el papel que subrepticiamente le había colado Román a indicación del mosén. La carta, escrita en letras de molde que descifró penosamente, decía:

Embiste a Melchor. Te puso los cuernos.

Y firmaba:

Quien bien te quiere.

Arrugando el anónimo, el anciano desahogó su dolor en medio de una furiosa tormenta que despejaba de paseantes la ciudad: se le moría un compadre, la querida le huía y su mujer le engañaba. Salvando los cordones sanitarios de los barrios azotados por la peste y sin aceptar las invitaciones que le lanzaban los Joteros desde bailes y prostíbulos, rumió en soledad su desgracia hasta que, armándose de valor, decidió pedir explicaciones a Dora por su incomparecencia.

—No hay nadie en la casa —le informó una vecina—. La ronda se llevó a todos la misma noche del baile.

Con la pena redoblada por la noticia y a punto de ser atropellado varias veces por los carruajes, reciamente flagelados por el aguacero, el marqués recaló en las cercanías de palacio ya de madrugada. Dispuesto a afrontar la realidad, subió la escalinata de mármol pringando de mocos el pasamanos, atravesó el hondo y apagado pasillo, surcó el fantasmal salón y con sabia lucidez de borracho se detuvo a escuchar en la antesala del dormitorio de la marquesa. Ningún sonido extraordinario alarmó su perspicaz vigilia. Cautamente manipuló el picaporte y tiritando de frío se abalanzó sobre el cuerpo que reposaba.

—Me las pagarás, tunanta —quiso haber exclamado en su congoja. Pero sólo atinó a balbucir—: Quiero matar a Melchor.

Embriagada por la confidencia, la marquesa se incorporó radiante y con tibieza de madre socorrió al empapado hijo pródigo: le desnudó, desterró sus harapos, frotó su cuerpo con alcohol, le acostó, le dio leche y yemas de huevo, dispuso ropa —nada fina, según sus democráticos gustos— para que se mudase y, en señal de buena voluntad, le devolvió las botas que habitualmente extraviaba en sus correrías.

Sentándose luego a la cabecera de la cama con su mejor sonrisa, arreglándole el embozo y acariciándole las manos, le contó la historia de una bailarina que encandilaba a toreros, bandoleros y aristócratas locatis. El anciano adivinó su nombre y preguntó si estaba presa. Ella aclaró que unos facinerosos, después de allanar disfrazados de alguaciles la vivienda de la maja cuando celebraba un baile de candil, la transportaron a la fuerza hasta el pueblo de los hermosos caballos donde, severamente vigilada, pasaba las horas muertas suspirando por su príncipe azul, un bailarín viejecito enamorado de sus hechuras.

Confortado al averiguar el paradero de su adorada, el anciano rindió al sueño su infinito cansancio e invadió el cuarto de Venancio cuando éste recababa por escrito el consentimiento paterno para casarse.

—Déjalo todo y sígueme —manifestó imperiosamente el marqués.

En el pesebre de la fundación les esperaban dos caballerías para conducirles al pueblo de Venancio. Allí el anciano rescataría a Dora, el músico pediría permiso a su padre para cambiar de estado y, logrados ambos objetivos, regresarían a la ciudad con la yegua que reclamaba la marquesa.

Hízose conforme planeaba el marqués y desde la aduana del puente de piedra Román certificó a palacio la partida de los dos hombres.

14

AL ENTERARSE la marquesa de que su marido salía de la ciudad a rescatar a la bailarina y traerle la yegua, dictó instrucciones a los habitantes del pueblo de hermosos caballos. Un retén de soldados al mando del lugarteniente Cosme, se encargó de transmitirlas con antelación suficiente.

Los cándidos viajeros, sin percatarse de la encerrona que la rencorosa marquesa les preparaba —a su cónyuge por sus infidelidades sentimentales y políticas y a Venancio por aliviarle los castigos— no extrañaron la presencia de los soldados en las inmediaciones del pueblo. Era su misión, según afirmó Cosme, defenderles de los bandoleros que asolaban la comarca.

Como este supuesto coincidía con la disparatada ficción que la marquesa narró al marqués en el lecho conyugal, el anciano aceptó de buen grado la escolta y no le asustó que los vecinos aguardasen su llegada en pie de guerra pues creyó que se prevenían de un ataque de los bandidos. La verdad es que sus súbditos estaban dispuestos a consentir sus aristocráticas locuras pero no conciertos de Venancio y su padre.

Un cohete alevosamente orientado a la cabeza de los recién llegados, avisó de las intenciones de los lugareños. Pero la enamorada naturaleza del marqués obvió el peligro y, con obstinación admirable, demandó a la recelosa muchedumbre:

—¿Dónde está Dora?

El padre de Venancio, terne en su costumbre de taponarse los oídos cuando hacía música, arrastró en ese momento a la orquesta en clamoroso pasodoble de bienvenida. Espantada, quizá, por los platillos, la cabalgadura del anciano tiró al suelo a su jinete y se adentró en el pueblo a escape. Desmontaron los soldados para ayudar al maltrecho y observaron consternados que también sus caballos imitaban al del anciano.

Desentendiéndose del incidente, continuó la banda su monserga. El marqués se dolía del batacazo invocando a los Joteros mientras las bellezas vírgenes de la localidad, siguiendo celosamente el rito inmemorial, depositaban sobre el caído flores y frutos regionales. Incorporóse al fin el anciano, estornudando y quejándose de la vista. Agarrado a Cosme, presidió la búsqueda de Dora guiándose del olfato como un perdiguero, denunciando huellas de facinerosos donde había boñigas y llamando por su nombre a la bailarina raptada.

—Ahí la tenéis —se concretó equívocamente, señalando un establo.

Ante la expectación general, la cancela se abrió. Subiéndose los pantalones como si terminara de evacuar, compareció el palafrenero Celestino cubierto de broza hasta las cejas.

—¡Qué belfos! —ponderó extasiado—. ¡Qué ancas!

No prosiguió, porque en tropel ofuscado surgieron tras él los corceles de la comitiva que, orientados hacia el establo por su instinto sexual, se retiraban con la frustración de haberse presentado tarde. Vanagloriándose de su anticipación, el palafrenero Celestino resumió su peculiar experiencia erótica:

—¡Vaya potra que tiene la marquesa!

Aludía evidentemente a la yegua escogida por la dueña de la fundación para tributo de Venancio, esa yegua que al fondo del establo se perfilaba coquetísima. Pero el marqués vislumbró desacato a su linaje en el .comentario del gañán y determinó lavar su honor sobre el terreno. Rápidamente le desamparó su séquito y el anciano, cada vez más cegato, sólo acertó a percibir un agudo ramalazo antes de ser arrollado por el animal que, con crispada nostalgia, volaba en persecución de sus congéneres.

Al besar de nuevo terreno de su propiedad, el marqués se eclipsó. Sus súbditos, para reanimarle, le comunicaron que la yegua favorita de su mujer había vuelto al redil. Y aunque pareció recuperar el sentido, todos dedujeron por su reacción que había perdido el seso.

—Quiero a Dora y no a la puta yegua —vociferó el aristócrata. Y arrebatando el arma de un soldado, efectuó un disparo que Venancio escuchó desde el desván de su casa, donde rememoraba con su padre la época feliz de las clases de solfeo. Valiéndose de la confusión, Cosme, su tropa y el palafrenero Celestino tornaron con la yegua coqueta a la ciudad, convencidos de haber ejecutado las órdenes de la marquesa.

15

MIENTRAS el marqués rondaba furioso el pueblo con un trabuco en las manos, inquiriendo de cada vecino el paradero de la esquiva Dora, los Joteros de Amposta retrasaban el sepelio de Higinio a la espera de que lo presidiese su jefe natural, inexplicablemente desaparecido. Cuando no hubo más remedio que inhumar el cadáver porque se descomponía, Amós pronunció un panegírico en el camposanto deplorando la ausencia del marqués con mayor énfasis que la del torero.

—El muerto al hoyo y el vivo al bollo —pontificó lacrimeante.

—Muertos habrá por ese vivo —vaticinó un bandolero que, sin morderse la lengua, culpó al aristócrata del tumulto en el baile de candil y de la detención de Miguel y Dora. Aquél estaba en la cárcel de Corte. Mas como se ignoraba la prisión de la bailarina, sugirió que el marqués la había secuestrado con anuencia de los Joteros.

Reinó la cordura entre ambos grupos hasta enterrar a Higinio. Unos y otros se retiraron después a afilar las armas a sus respectivos barrios: los Joteros, en los dominios de la fundación y los bandidos a las afueras de la ciudad.

La morena camarera Rosa contaba estos sucesos a la marquesa mientras la peinaba junto al ventanal del salón. Melchor puntualizó erudito que en el marco plebeyo de la gente humilde eran frecuentes las querellas entre barrios rivales. La rubia camarera Nieves, suspirando de envidia por los amores ajenos, propuso averiguar el escondite de la bailarina a través de las cartas. Escandalizado de la superstición, el mosén se persignó. Enigmática, la marquesa agitó la campanilla.

Pero en vez de la merienda, compareció Fabián convaleciente y a instancias de la marquesa declaró que montaba guardia en la habitación de Lucio, el hijo de los marqueses que emigró a las Indias a hacer fortuna después de acusar de manirroto a su padre.

En esa habitación que el marqués juró no pisar desde que desheredó a su hijo, posaba Dora para el castizo pintor Mogacho. Allí la depositó la ronda tras el baile de candil por orden de la marquesa, segura de que el tontarra de su marido, aunque durmiera pared por medio de su bailarina —conforme sucedió la noche de la muerte de Higinio—, iría a buscar lejos a quien tan cerca se hallaba.

Un galope en la explanada interrumpió la sorprendente revelación del militar. La marquesa se asomó anhelante al ventanal. Con un taconazo que dejó admirada y sin resuello a la rubia pitonisa Nieves, el lugarteniente Cosme notificó a su superior jerárquico que había cumplido el encargo.

Agarrada melosamente del brazo de Fabián para consternación de Melchor, la marquesa se reunió con los expedicionarios y sin poder contenerse, comenzó a acariciar los puntos sensibles de la yegua que Celestino respetuosamente le indicaba.

Celosísimo el caballo del lugarteniente Cosme de que se manosease por derecho de pernada lo que por naturaleza le pertenecía, se precipitó sobre el grupo de adoradores y lo derribó, para enorme satisfacción de la yegua al sentir a su macho propicio y gran consuelo de Melchor que advirtió a Fabián sepultado por personas y semovientes.

La enérgica intervención de la tropa impidió la coyunda de los animales y redimió de cargas a Fabián que, minuciosamente tumefacto, fue trasladado al Hospital de Pobres donde se le acostó en la misma cama que acababa de desocupar con el alta médica.

Absoluto reposo prescribió al desventurado Fabián el director del centro, un galeno de bigotes poblados del que la rubia pitonisa Nieves sólo predicaba excelencias porque sobaba con delicadeza su escote. Y aunque el diagnóstico clínico dejaba en la estacada al militar, no renunció por ello la marquesa a probar la yegua coqueta. A la tarde siguiente, Melchor la acompañó en la excursión a la pradera.

16

ALTIVOS en sus monturas cabalgaron el ilustrado y la aristócrata mientras el pueblo soberano alzaba barricadas en defensa de sus convicciones. Cerca del puente de piedra, levantado sobre el arroyo de pomposo nombre y raquítico caudal, las camareras morena y rubia desplegaron el mantel sobre la ilusión de césped. Terminada la merendola, el pintor Mogascio dibujó a la marquesa sentada en el estribo de un carruaje, regulando la posición de Melchor para que su cuerpo le proporcionase sombra. Y puesto que aquella tarde no firmaba sus retratos como Mogacho, no apreció que Nieves y Rosa, ávidas de salir en el cuadro, lanzaban al aire una cometa para llamar su atención.

Estaban todos tan embebidos en afanes de notoriedad, que no pudieron percatarse de que Venancio y el marqués, jinetes en impresentables jamelgos, pasaban a su lado. Tampoco los que regresaban del pueblo consignaron esta circunstancia. Fracasados en sus aspiraciones amorosas, les asediaban sombríos pensamientos.

Venancio no había conseguido doblegar la rígida determinación de su padre de encerrarle a pan y agua en el desván si porfiaba en contraer matrimonio.

—Tu carrera, ante todo —insistía dispuesto a no perder la estima que como mentor de artistas había alcanzado.

De nada le sirvió al joven aducir que la protección del mosén a su noviazgo garantizaba la continuidad de sus estudios. Tampoco pudo lograr que el marqués confirmara sus progresos musicales en el mismo lugar donde los había iniciado. Al poco de haber partido la tropa de Cosme, el anciano se personó en el desván con el trabuco en ristre y sin permitir que Venancio concluyera la interpretación de un bolero, le obligó a ponerse en marcha hacia la capital.

Habían convenido Venancio y el marqués en acercarse primero a la residencia del mosén, donde aquél entregaría una carta a Rosarito comunicándole el fin de sus relaciones. Pero rebasado el puente de piedra y cuando caminaban por terrenos de la fundación, uno de los Joteros de Amposta reconoció al marqués. Felices sus correligionarios de encontrar vivo y soltero al que suponían herido en reyerta o de males de amor, le separaron de Venancio para conducirle entre vítores a su cuartel general. Informado allí el anciano de la identidad de sus enemigos —esos peligrosos bandoleros que, según la marquesa, tenían a Dora en su poder—, prometió a los Joteros de Amposta guiarles a la victoria y librar a la bailarina de sus raptores.

Venancio entre tanto formalizó la ruptura de su noviazgo y con la desolación de ánimo subsiguiente peregrinó desde la vivienda del mosén por los barrios alborotados de rumores y preparativos de lucha en busca de su personaje, el marqués del pueblo.

Escapados de la sistemática persecución de las autoridades, los bandidos de Miguel velaban en las afueras rasgueando guitarras. En los dominios de la fundación, bajo el pendón del marquesado, los Joteros de Amposta afilaban navajas entre vigorosos cánticos de sus abnegadas mujeres.

De incógnito en los soportales del patio, en el corazón de la fundación de los marqueses de***, rendía culto el anciano a la amistad del barbero Amós y a la opulencia de una cuba de vino. Tantos brindis formuló para someter el porvenir a sus deseos que, con temeraria intrepidez, tomó la iniciativa del combate contra las hordas de Miguel. Arrastrando a un Amós renuente a dialogar, el anciano accedió hasta donde se hallaba el cabecilla enemigo y situándose entre ambos líderes como dramático juez de paz, con lágrimas en la cara sembrada de mocos planteó a los contendientes que no debían odiarse a muerte el amante de su amigo Higinio y el protector de su amante Dora.

Embravecidos los bandoleros al escuchar el nombre de la bailarina en labios del que sólo con escarnio para Miguel, su jefe preso, alardeaba de favorito de ella y sumando este agravio a los múltiples que les infería el aristócrata siempre que actuaba democráticamente, arremetieron contra él. Tapóse Amós para no ver la tragedia. Pero Venancio, tan oportuno como el anciano cuando le salvó de una paliza de los Joteros, le devolvió el favor de entonces. Y según manifestaría en la zarzuela que compuso reseñando este y otros episodios goyescos, se asomó al corredor del patio y con frase decisiva serenó los ánimos.

—No es el marqués —recalcó—. Es mi criado.

17

Estupefactos, los bandoleros bajaron la guardia. Ingenuidad que aprovecharon los secuaces de Amós para machacarles mientras los soldados del lugarteniente

Cosme pedían sensatez a la manolería y refuerzos al cuartel. Fue lo más laborioso desenredar el entramado de cuerpos que hasta la altura de un gigante se elevaron en un santiamén sobre los líderes de las bandas rivales. Con ayuda de voluntarios se desgajó la piña humana y en último lugar apareció, rebozado en lodo y excrementos, el anciano marqués de la fundación. Cuando le izaron del suelo, no alentaba. Con infinito mimo empezó a palparle Amos. No toleró atentados a la moral el lugarteniente Cosme y separando al barbero de su víctima, le mandó a tomar por culo lejos. Los bandidos en cambio, sin la difusa protección de que gozaban sus adversarios, acabaron en la cárcel de Corte acusados de desórdenes.

Sobre caballos transportaron al marqués hasta palacio. En brazos de soldados subió inconsciente la escalera del vestíbulo y se hundió en el lecho matrimonial que rápidamente aviaron Rosa y Nieves. Pared por medio, en el cuarto de su hijo Lucio que jamás pisaría el marqués, seguía posando Dora para Mogacho. En dependencia más apartada, Melchor y el mosén convenían en desterrar a las Indias al rijoso de Fabián antes de que se le enderezara la pelvis y reincidiera con la marquesa.

Abanicándose nerviosísima por tener al chisgarabís en su cama, recibió la marquesa al galeno de bigotes poblados. En seguida salieron de la habitación del enfermo y se dirigieron a la ocupada por Melchor y el mosén. Enmudecieron éstos al verles entrar con desencajado semblante: malas eran las perspectivas, indudablemente.

Sin decir palabra, el doctor tumbó a la marquesa en un sofá y ante el horrorizado asombro del petimetre y el cura, detalló sobre el pecho y el trasero de la dama las lesiones de su marido, bajo la peregrina excusa de que eran una sola carne. Turbado por la actitud naturalista del doctor, el mosén le expulsó del cuarto con cajas destempladas, lo que las camareras Nieves y Rosa interpretaron como una reacción de contrariedad ante el diagnóstico.

Abandonaba el médico la estancia cuando en ella penetró Fabián en espartana litera para afear a la marquesa su infidelidad. Por simple curiosidad científica, examinó el doctor la pelvis del militar. Pero la irrupción de Rosa con un preparado tranquilizante para su señora, privó al médico de veleidades homosexuales.

Perseguida por el discípulo de Esculapio, trotó por los pasillos de palacio la camarera morena, encantada de servir de cobaya. Alertada por las risas de su compañera, Nieves prescindió de auscultar su futuro amoroso y se unió a la procesión festiva con el deliberado propósito de gozar el presente. A punto de caramelo halló a los tres el pintor Mogascio en el jardín. Aunque la Inquisición fulminara su pintura, quiso retroceder a buscar lienzo para captar la escena. Mas en esta ocasión se lo impidieron las camareras: preferían trocar la inmortalidad artística por el carnal instante.

Los cuatro despertaron sobresaltados de su arrobamiento erótico por la galopada de un carruaje. Mogascio creyó distinguir a la bailarina Dora en el interior del vehículo que, conducido por Román el recadero, evacuaba palacio a gran velocidad.

Se vistieron y acicalaron y entre lánguidas caricias fueron a comprobar si la bailarina había huido. Pero el sonido de voces airadas en la habitación donde se hallaban el mosén, Fabián, Melchor y la marquesa, desvió su interés. Por cívica preocupación se acercaron a curiosear y cuando una limpia bofetada sustituyó a las palabras invadieron el recinto. Melchor se acariciaba la mejilla que le había golpeado Fabián, el mosén rezaba de espaldas a los litigantes y la marquesa apretaba contra su pecho al perrazo.

Por mediación de los advenedizos, se decidió remitir la querella al campo del honor. Presidiría el lance el marqués ya que estaba en juego la fama de la marquesa y ejercerían de padrinos el lugarteniente Cosme y el pintor Mogascio.

18

UNA FRÍA mañana de septiembre, en la explanada de palacio, sucumbió quien afrontaba el lance en inferioridad de condiciones. Desde la camilla donde su infortunio le postró y en equilibrio inestable por su pelvis a la virulé, el bizarro militar Fabián ensartó con su espada al petimetre. Melchor que, como hombre de letras, en su vida había manejado armas.

Emplazado a desdecirse, el director de la fundación solicitó hablar con el marqués. Arrimóse al abatido el que actuaba de presidente del duelo. Todos presumieron que Melchor, con un pie en el Más Allá, confiaría al marido de la marquesa que le había puesto los cuernos. Pero con la obsesión por desvelar aspectos de la realidad que caracteriza a los intelectuales, antes que reconocer sus culpas, Melchor optó por deslizar en el mugriento oído del aristócrata, el ignorado paradero de la bailarina Dora. Seguidamente se desmayó, o fingió hacerlo para eludir preguntas.

Con la valiosa información en su poder, corrió el anciano a la fundación. Venancio, inspiradísimo por los recientes acontecimientos, tocaba al clarinete las palabras que Melchor, antes de rendir el último suspiro, cantaba al oído del marqués:

—Dora está en el convento de las Arrepentidas.

El anciano solicitó la colaboración del músico, que accedió a participar en el rescate de la bailarina aplazando la terminación de su zarzuela. Tras sellar su alianza descorchando una botella de orujo, afluyeron trompas a la barbería de Amós, quien se sobrepuso a su condición de amante desentrenado para complacerles con exquisita pericia. Ya perfectamente relajados, ultimaron detalles.

Cuando las sombras nocturnas enlutaron las casas, palpitaron las ventanas con el fulminante trote de un caballo. Amós lo dirigía al convento de las Arrepentidas, donde la tímida presencia de un candil delataba la de sus compañeros de conjura. Inmediatamente, el marqués se perdió en las tinieblas mientras Amós, Venancio y los Joteros de Amposta gritaban auxilio. Por simpatía, brotaron del convento apelaciones a la ronda que orientaron a los primeros voluntarios a lugar opuesto a donde se hallaba el marqués. Éste, sin testigos, franqueó la cancela que esa misma tarde dejó abierta Venancio tras dar clase con el mosén.

A oscuras, enfiló el rumoroso huertecillo y brincó audaz a la celda donde ya su diosa se perfilaba en carne mortal y en ademán de danza.

—¿Bailarás bolero? —exclamó el marqués sin aliento a sus plantas.

Desfigurada por la toca y los hábitos, partió la reclusa hacia la libertad en brazos de su hostigador impenitente. Cabe la cristalina fuentecilla, se detuvo el anciano a reposar y murmurando obscenidades, extravió sus manos en el ropaje religioso. Ella le contuvo, mas no por recato:

—Suelta a Miguel y seré tuya.

Encaminóse el marqués a cumplir el requisito mientras Venancio y Amós, en trayecto guardado por Joteros, depositaban a la monja en la habitación de la fundación que Venancio y el anciano compartían. Allí aguardaría la novia al mosén que debería casarla con Amós. Pensaba el marqués que, sometida Dora a la casta jurisdicción del barbero, podría disfrutarla a su capricho sin que la marquesa recelara del enjuague por el alto crédito que le merecía el sacramento del matrimonio.

Venancio golpeó la puerta del mosén y, sofocando el recuerdo de Rosario, esperó respuesta a su oferta. Se la dio colérica el sacerdote cuando, aún en duermevela, entendió que se le conminaba a desposar a Rosarito con Amós. Deshecho el equívoco y vislumbrada sinecura por el mosén ya que Venancio le prometió que, de bendecir el enlace, volvería a dirigir la fundación, el cura se vistió como un bombero y ganó a zancadas la distancia que le separaba de su anterior categoría.

En las calles vibraban las coplas de los bandoleros liberados por el marqués. Mohino de que le rescatara quien le metió en presidio, alcanzó Miguel la vivienda de donde salió detenido por la justicia. Luz en el interior subrayaba la vela de la que anhelaba redención. Llamó suave. Y cuando en el umbral se recortó su silueta sin antifaz, Dora se entregó en el intenso abrazo a la felicidad de recuperarle.

EL DESTINO toca la puerta de la habitación de Venancio con el registro convenido por los conspiradores. Amós franquea el paso al marqués chispero que pisa triunfante donde suele dormir castigado. Le escoltan los que redimió de prisión; son garantía de la liberación de Miguel, condición impuesta por la mujer para casarse.

Se inicia la ceremonia con dos zíngaros por padrinos de los contrayentes. El marqués se sitúa al lado de la epístola. El mosén salmodia latines. Rebuznan en el establo de la fundación cuando el mosén pregunta a Amós si quiere a Dora por esposa.

—Por esposa del marqués —rectifica Amós con maliciosa mueca.

Ha de comprometerse ahora la novia. Para vencer su resistencia, soportó el marqués más trabajos que Hércules. Ni el vuelo de una mosca se percibe en la habitación cuando el mosén formula la cuestión. Calla la mujer. Reitera el mosén la proposición. Con voz serena sale de su mutismo la interpelada:

—Ésta aquí no se casa.

Y alza el velo que hasta ese momento la cubría: la mujer que el anciano rescató del convento no es Dora sino la marquesa, la eterna cónyuge que, en implacable venganza contra el aristócrata que reniega de su condición y estado, culmina su resentimiento de preterida con la broma feroz.

—Mecachis tu pelo, bruja —gime al marqués descalzándose.

Como se le evaporan las soñadas canonjías, el mosén pide a la Abogada de los Imposibles que abra la tierra y sepulte en el infierno a todos. Desde el retablo de facinerosos avanza escayolado, junto al médico de poblados bigotes, el petimetre Melchor.

—Soy el adúltero felón —proclama.

Y al distinguido auditorio explica que la marquesa y él urdieron la estratagema para castigar las veleidades democratizadoras de quien, por haber vaciado las cárceles de maleantes, será condenado para siempre a disfrutar de la bailarina en pintura, mas no al natural.

Confirmando esta sentencia, entra en la habitación el retrato de Dora, obra de Mogacho, a lomos de la yegua coqueta, regida por Celestino. La marquesa y Melchor celebran el éxito de su maniobra cantando con las manos enlazadas. Siguiendo el compás, baila el marqués frente a la efigie de su quimera y Joteros y bandoleros repican las castañuelas hasta que, enemistados por una discordancia, se enzarzan a golpes.

Un rumor de cajas militares suspende los enconados ánimos. Por el zaguán de la fundación penetra la tropa. Nieves y Rosa transportan a la sillita la reina a Fabián. Cosme, detrás, exhibe en un cartelón la lista de sufrimientos de su superior jerárquico por la marquesa. Luego, con fraseo y timbre impecables que las guitarras subrayan, canta los nombres de los que deben servir al Rey.

Entre los convocados estaban Román y Venancio. Aquél se enroló alborozado ante la tierna mirada de su madre Encarna. El músico pidió gracia y la marquesa de la fundación eximió a su becario de las quintas mediante donativo. Así Venancio logró concluir la zarzuela de capa y espada sin moverse de la habitación donde había concentrado a todos los personajes de la farsa.

Pergeñaba precisamente la escena final cuando recibió la noticia de que la zarzuela y el clarinete quedaban empeñados por el marquesado de la fundación hasta que el músico aportara el dinero que le había redimido del servicio militar.

—Al ladrón —protestará Venancio al saberse inicuamente despojado de sus derechos de autor.

Absorbe su invocación en la zarzuela el barítono Miguel, bandolero redentor de los oprimidos. Jinete de caballo enjaezado a cuya grupa monta Dora, entona el estribillo que baila el gentío en el patio bajo la dirección del marqués mientras cae el telón:

—Todo para el pueblo, pero sin el pueblo.

PASACALLE

1

EN LAS cercanías de la fundación se perfiló una silueta que Dora, desde el corredor donde regaba los tiestos, identificó con el marqués. Acudieron Amós y los Joteros a recibir al bailarín, cuya prolongada ausencia lloraban, y pronto volvieron defraudados: era otro el que se acercaba a lomos de una caballería sobrecargada de peso porque gastaba zapatos y se sonaba los mocos en un pañuelo.

Cruzando el zaguán del patio con afectada inseguridad de despistado y un aire seductor de extravagancia que recordaba vagamente al aristócrata, parecía uno de esos forasteros en viaje pintoresco por el país. Mas no transportaba biblias en su equipaje, como don Jorgito el inglés, sino libros de contabilidad y planos geográficos que, con melodioso acento tropical, ordenó subir a su habitación.

Paseando al atardecer por los soportales del patio entre el encendido clamor de las bandurrias, destacó por su curiosidad impertinente. Tan campechano como el tronado anciano, invitaba a su cuarto a los becarios de la fundación y sobre un gigantesco mapa de la ciudad desplegado sobre la cama, rogaba a cada uno que situase su residencia. Apuntada la dirección, se encaminaba hacia allá, medía las dimensiones de la pieza, palpaba la consistencia de las paredes, investigaba la posibilidad de instalar cañerías y después de escribir en un cuaderno el nombre del morador, depositaba en sus manos la cédula que oficialmente le proclamaba inquilino del lugar que siempre había ocupado.

Tanto el papeleo como la actitud del personaje se aceptaron con resignación. Siendo extranjero, le disculpaban que ignorase las costumbres castizas y que invirtiese a su antojo las leyes de la hospitalidad. El recién llegado extrañaba, en efecto, la vida en comunidad a expensas de los marqueses de*** y el insano maridaje de animales y personas en ese páramo sin acotar donde todos eludían sus responsabilidades. Según contaba a los que se ponían a tiro, esas prácticas no se estilaban en los territorios que había visitado. Pero se le escuchaba como quien oye llover, sin presentir que sus palabras anticipaban los cambios que en la fundación se implantarían desde que un incidente entre Dora y él reveló la importancia de su desestimada labor de inspección.

Después de examinar la estancia de Dora y redactar el contrato, el forastero quiso cobrar a la bailarina el arrendamiento. Ésta se negó en redondo mas él contraatacó alegando que si ella no pagaba el alquiler, carecía de títulos para considerarse en su casa. Intuyendo la añagaza, Dora gritó a los Joteros que no le engañaban sus ojos cuando confundió al indiano con el marqués porque ambos pretendían llevarla al huerto. Ya se aprestaban a intervenir los majos en su defensa. Pero oportunamente surcó el patio el carruaje de la marquesa en su periódica visita de caridad.

Todos se regodearon con el previsible espectáculo de la somanta y privación de calzado. Mas la dama, seguramente aleccionada, bajó del vehículo en éxtasis, corrió hacia el hombre sin mirar dónde pisaba, henchida de alegría le abrazó y besó y con él tornó a palacio olvidándose de distribuir la limosna.

Los testigos, no tan asombrados de las procacidades de la marquesa como de la turbia malicia del caballero, al que ingenuamente habían referido vida y milagros a cambio de no saber más de él que su aversión al sol canicular y a las comidas con aceite, presumieron en la pareja mayor intimidad de la que socialmente aparentaban al presentarse como madre e hijo en el palco de la ópera o en el paseo vespertino.

Ningún fundamento alentaba estas conjeturas porque los ensartados por la maledicencia únicamente concedían expansión a sus sentimientos en ese gabinete de palacio donde él nació y del que marchó desheredado por el manirroto de su padre. Sólo allí, donde Dora, presa, posó para Mogacho, desahogaban madre e hijo su ardor filarmónico. Junto al clavecín trasladado del salón luminoso, la marquesa cantaba a Verdi, Lucio interpretaba a Chopin y si, ganado por la nostalgia, el emigrante rescataba el sabroso son ultramarino, ella, alzándose el borde de la falda, marcaba el compás con los tacones.

2

MUY desacreditado el mosén por pretender casar con un marica a quien ya estaba casada, intrigó con el hijo de los marqueses para rehabilitarse y periódicamente le remitía billetes en clave con los sucesos de la fundación. Lucio, que pagaba estos envíos a precio de oro, acordó regresar a su Patria cuando recibió una copia del retrato de Mogacho a Dora con una críptica leyenda sobre la bailarina pintada:

—Por ella, se perdió.

Aunque le consumía la impaciencia de ver a su madre, se dirigió primero a la fundación a tantear el terreno. Y por entrevista secreta con el mosén supo que el marqués era alejado a Cuba con una pensión vitalicia para que definitivamente escarmentase.

La marquesa acogió con los brazos abiertos a quien, aunque desheredado, aspiraba a ocupar el hueco dejado en el escalafón familiar. Y con el mismo arrojo que bailaba en el gabinete aromado de pavanas y minuetos el herético ritmo americano, decidió confiar a Lucio la administración de sus caudales, pues era el único capaz de revitalizar, como el fresco aire de las Antillas al rancio bolero, el desangelado depósito de baldíos y mayorazgos que su nobleza conservaba con más pena que gloria tras los derroches democráticos del marqués.

Lucio había demostrado su competencia levantando al otro lado del mar un emporio financiero que respondería por él en caso de malversación del patrimonio indígena. Con un sueldo sustancioso por su gestión y plenos poderes —pero sin la titularidad del dominio que la marquesa retuvo—, convocó a sus asesores, famosos bucaneros del capitalismo, que aburridos vegetaban por tabernas y garitos esperando su llamada.

Abanicados por la mulata de nalgas soberbias que Lucio trajo para su recreo, les congeló en su objetivo fotográfico el artista Emmanuel. Eran Facundo, el político locuaz cuando cabalgaba a la cachonda Dolores; Benavides, sagaz espeleólogo de escotes de las meretrices de sus burdeles; Emeterio, intrépido capitán de empresas periodísticas; y Gonzalo, el más avispado banquero romántico, cerebro del plan de ensanche ciudadano consistente en arrendar a los becarios de la fundación las edificaciones construidas en su perímetro.

Al margen de la confabulación mercantil que se urdía en sus salones, la marquesa paseaba por el jardín de palacio con sus camareras y su perro. Y mientras inquiría a la rubia pitonisa Nieves quién de los que manejaban sus bienes desplazaría de su corazón amante a Melchor y Fabián, el destartalado solar de sus antepasados se transformaba insensiblemente: las habitaciones familiares se convertían en pisos, éstos constituían manzanas de casas entre las que circulaban carruajes sobre un pavimento proscrito ya a las aves de corral y en las redondas glorietas diseñadas para esparcimiento de peatones, se agrupaban en corrillos los agentes de Bolsa y los periodistas encargados de ponderar sus cambalaches.

Surgían por doquier tiendas de coloniales con la mercancía que Lucio producía en América. El viejo comedor de la fundación se llamaba ahora Café del Vapor. El Banco de Gonzalo ocupaba la mitad del espacio dedicado al Hospital de Pobres. Mendigos, quincalleros y otros desechos se veían fumigados del centro, por donde transitaba ceremonioso el pulcro rentista. Y sólo de vez en cuando, avisando de su comparecencia con exótico pregón, se exhibía en estratégico esquinazo, como depurada reliquia del orbe obsoleto, el vendedor de frutos de la tierra que ya no se cultivaban en las inmediaciones sino donde Lucio puso puertas al campo para separarlo del área de consumo y ocio, aunque una red de comunicaciones los relacionase.

Poco a poco, la urbe moderna reemplazaba a la

fundación arcaica gracias a esa privilegiada sesera que ni siquiera descansaba de noche. Porque después de sodomizar a la mulata y de sonar la madrugada en el reloj del convento de las Arrepentidas, se abstraía en visiones de futuro mientras la marquesa deliraba de amor, el mosén de envidia y el perro grandote pugnaba por arrebatarle el racimo de uvas que, cavilando, mantenía suspendido de sus dedos sin llevárselo a la boca.

3

A TAN altas horas de la noche, Lucio buscaba en el mapa de la fundación un honroso alojamiento para el buen mosén, ya que su vivienda se destinaba a cuartel en los planes de remodelación de Gonzalo.

También sin dormir, pero ajeno a los desvelos de Lucio, permanecía el mosén debatiendo los motivos de palacio para retirarle su estima: la marquesa no se confesaba con él, Lucio le excluía de su cuadro de asesores y Venancio le huía desde que rompió con Rosarito, como si le culpara del incidente.

Achacaba este desprecio a su intervención en el simulacro de boda entre la falsa Dora y Amós y no le cabía duda de que Venancio actuó en el episodio con interesadas miras. Participar en esa conspiración bufa le costó al capellán la prometida dirección de la fundación. Pero a su inductor le supuso la redención del servicio militar, un puesto de solista de cámara y la prerrogativa de interpretar el concierto inaugural de la temporada de otoño, que tradicionalmente se confería al mosén.

Ignoraba el sacerdote que la marquesa y Venancio le privaban de este privilegio para que su proverbial modestia no abortase el homenaje que se proponían rendirle por sorpresa, dedicando la reunión a difundir su obra. Apartado de un proyecto que se llevaba en secreto para hacerlo viable, entendió el mosén como una falta de consideración lo que se preparaba en su honor y determinó no salir de casa hasta que el felón y la ingrata le desagraviaran.

Recluido en aquellas paredes amenazadas de desahucio y sin ganas de enseñar solfeo a Rosarito ni de tocar el clavecín, rumiaba el mosén su desdicha para consternación de Sagrario que, sintiéndose responsable de su abandono como fiel ama de llaves, pero ayuna de lo que ocurría porque el cura no soltaba prenda, atribuia a una deslealtad de Venancio el malhumor del mosén y se vanagloriaba de haber cortado a tiempo los amoríos de su hija y el músico.

Sagrario ignoraba que el capellán fomentó esos amoríos para continuar las clases con su alumno en el convento de las Arrepentidas. Y cuando éste canceló su noviazgo por carta, el mosén escondió la misiva porque no juzgó oportuno transmitir a la madre lo que ella creía zanjado ni amargar a la hija con una noticia que le iría desvelando la experiencia.

Sólo comentó el mosén que Venancio acudía diariamente al palacio de la marquesa a usurpar sus funciones. Extrañada Rosarito de que su novio merodeara por los alrededores sin visitarla, puso cerco entonces al que no la asediaba y pese a tener tapadas las ventanas y a su madre vigilante, se pasaba el día acechando la pisada de su enamorado en la arena del jardín.

Y si bien a ese instante de plenitud en que Venancio confirmaba su presencia a tan sensible escucha, sucedía otro deprimente porque el descastado seguía su ruta sin barruntar el ansia con que se le espiaba, no se dejaba Rosarito abatir por la contrariedad y aguardaba ilusionada que se repitiera el sonido que alimentaba sus esperanzas.

Era tal su convicción de que los pasos se orientarían finalmente hacia donde su amoroso imán los registraba, que al no percibirlos durante el verano en que se suspendieron los ensayos del concierto otoñal, no atribuyó a desamor la ausencia de Venancio. Intuyendo que no soportaría el desengaño, resolvió engañarse. Y aunque el músico ya no frecuentaba el lugar, ella, en condicionado reflejo, imprimía en su memoria la pisada a la hora en que solía producirse.

Así inmersa en la ficción para no dar crédito a la evidencia y forzada a mantenerse vigilante porque en cuanto cerraba los ojos se figuraba que venía su novio, fue olvidando Rosarito la noción de la realidad y por no perder de vista a Venancio, terminó perdiendo el juicio.

Y mientras Sagrario dormía a pierna suelta, segura de haber evitado un traspiés sentimental de su hija, ésta velaba con el mosén, víctimas ambos de un amor propio resentido que Lucio, a esas mismas horas de la madrugada procuraba no herir, frenando unos planes de expropiación que a la centinela de su príncipe azul acabarían removiendo de sede mas no librando de tormento.

4

CELESTINO, el palafrenero de la marquesa, ascendido por Lucio a policía desde que fornicando con la yegua coqueta una coz espasmódica le dejó impotente, ejecutó el desahucio del mosén. Cumpliendo la orden firmada por Melchor, le trasladó en desvencijado carromato al convento de las Arrepentidas, del que Amós era sacristán.

Temeroso de Dios tras la muerte de Higinio —y mucho más de la marquesa desde que pretendió casarse con ella para complacer a su marido—, Amós se consolaba vistiendo santos de no desnudar a pecadores. Lucio, partidario de congraciarse con el jefe Jotero aunque fuese amigo de su padre, le encomendó cuidar del mosén. Y para retribuir sus desvelos, dispuso que vendiera coloniales en su barbería.

Sobreponiéndose en su celda a las adversidades de la fortuna y para responder a lo que se le antojaba descarada persecución a los ministros del culto, el mosén condensó su rencor a las Luces en acibarados epigramas que, con el seudónimo de «Hazmerreír», publicaba en el informativo católico «La Condena».

Una vez por semana, los lectores de este boletín piadoso se congregaban en la sede del periódico a merendar, rezar el rosario y conspirar. Junto a varios curas, frecuentaba estas sesiones Fabián, doblemente arrepentido de quedarse lisiado por galopar con la marquesa y de no iniciar su camino de Damasco, cual

Saulo converso, liquidando al masonazo de Melchor en el campo de duelo.

En esta tertulia, Sagrario resucitaba su oficio de ama de llaves. Desde que desahuciaron al mosén, erró a la aventura de la mano de su hija, que movía alocadamente su cabecita como venteando la huella de Venancio. Ambas comieron la caridad de los cuarteles y durmieron en el atrio del convento de las Arrepentidas, centinelas de su capellán, hasta que Amós, apiadado, las recogió en su casa. Como su reputación no peligraba al convivir con un afeminado, Sagrario aceptó pasar de ama de cura a tendera de ultramarinos. Pero se resarcía del desprestigio sisando a su bienhechor el chocolate que tomaban los cofrades de «La Condena».

Vetada de esta tertulia por mujer, mas no de elaborar la colación y de servirla como criada, Sagrario participaba pared por medio, cual monja de clausura, en los actos litúrgicos. Y cuando los conspiradores se iban, entraba con su hijita —muy relimpia y requetepeinada para disimular su tontuna— a despedirse del mosén. Sagrario le contaba sus desgracias por si moviendo influencias la metía de cocinera en el convento y a Rosarito en la Inclusa. Pero el mosén, mirando el vacío con unos ojos de sufrimiento que daban espanto al miedo y con la sesera trastornada por las maquinaciones de la reunión, ni rechistaba.

Una noche en que madre e hija regresaban alicaídas se las encontró Venancio que, bien trajeado y saboreando un pastel, contrastaba por su aspecto de hacendado con la miserable estampa de las mujeres. Sagrario, avergonzada, aceleró para no saludarle. Pero Venancio, impresionado por la zamba y boquiabierta Rosarito, que guardaba la ausencia de su enamorado aunque éste la escoltase, amoldó su paso al vivo de la madre y se interesó por su suerte. Como no obtuviera otra contestación de Sagrario que la porfía en distanciarse, Venancio refirió sus progresos profesionales y ofreció caramelos a Rosarito. Pero Sagrario, debilitada por el peso muerto de la imbécil y secretamente envidiosa de haber desperdiciado tan buen partido, cortó la retahíla del joven y, llorando de rabia, pidió que las olvidase.

Venancio, desconcertado, entregó una limosna a Sagrario. Y perseguido por la maldición de la madre y por el rostro impasible de la hija, corrió al Teatro de la Cruz donde se ensayaba su zarzuela «Hurgar con ruego». En ella reflejaba sus peripecias de becario en la fundación de los marqueses, desde que tras accidentado viaje en diligencia llegó a la capital, hasta el frustrado enlace de Amós y la marquesa. Actuaba de quimera del marqués, Dora, la bailarina del citado teatro. Había escrito el libro Andrés Niporesas, un periodista de «Alfadario», la gaceta fundada por el asesor de Lucio, Emeterio, para aviso de industriales, comerciantes y rentistas.

5

ANDRÉS Niporesas llegó a la fundación con una carta para Melchor, viejo compañero de su padre en la sociedad filantrópica «Senescales de la Sabiduría», donde el actual político descollaba entonces como versificador de fábulas bajo el seudónimo de «Lamondaine». Andrés había renegado de una estirpe de labradores que, terminada la faena, regresaban al hogar cantando a Schumann. Andrés prefería perderse por los bosques recitando a Horacio. Se sentía, pues, poeta, y su atribulado padre se lo encomendaba al todopoderoso «Lamondaine» para que le convirtiera en hombre de pro.

Envidiando su leonada melena y la mirada soñadora, Melchor le preguntó por sus aspiraciones en la vida. Andrés replicó impetuosamente que amaba el arte y despreciaba el vil metal. Sin perder la paciencia, el director de la fundación le remitió con su típico abaniqueo de palma al patrón de «Alfadario». Emeterio, que como periodista de raza era simpatizante de la bohemia, sumamente comprensivo con las ideas de Andrés sobre el dinero, satisfizo su exigencia de no admitir retribución en metálico. Por la suma de su salario, le abrió cuenta en el Café del Vapor para que se alimentase y le alojó en el periódico.

La sede de «Alfadario» tenía dos plantas. Arriba era vivienda familiar de Emeterio y, abajo, oficina y talleres. Aquí poseía Andrés un lecho y una mesa en la que copiaba los fletes y plusvalías de Lucio en letra clarita para mejor comprensión de los tipógrafos. Dos veces al día abandonaba el trabajo y cruzaba al Café del Vapor. En él, cálido de humo y voces, conoció a Dora, que formaba tertulia con Venancio y los dos músicos de la orquestina del café: el pianista Chueca, jovial y avispado, y el violinista Asenjo, prácticamente un niño.

Inmediatamente congeniaron Venancio y Andrés. Compartían el origen provinciano y las pretensiones de triunfar en la capital. Mejor relacionado que Andrés, Venancio habló con el sagaz espeleólogo de escotes Benavides que prometió estrenar la zarzuela en su Teatro de la Cruz, donde Dora bailaba de telonera, en cuanto Andrés concluyese el libro siguiendo las indicaciones de Venancio.

Andrés tardaría más tiempo del previsto. Su empresario Emeterio le pescó escribiéndolo y cuando fisgó en las cuartillas, se echó a llorar. Lamentaba no ser artista bohemio, hubiera dado un mundo por escribir como Andrés. ¿Le importaría componer un soneto para su distinguida esposa? ¿Y otro para su chiquirritina?

Andrés pospuso la zarzuela por los sonetos, Emeterio los recitó como de su invención y cuando el poeta se aprestaba a reanudar su compromiso con Venancio, un enviado sordomudo del revolucionario Miguel —que inquietaba los alrededores con su partida guerrillera de marginados—, reclamó de su inteligencia ayuda para perfilar un manifiesto. Porque Andrés militaba en las nuevas corrientes de pensamiento.

Le halló en este trance el curiosote de Emeterio y sin discutir la materia del panfleto, le encareció confeccionar un himno que, con motivo de la inauguración de una estatua a Lucio, cantarían los chicos de la escuela. Melchor había aprobado su nombre y el de Venancio como músico.

El día señalado, los escolares pastoreados por el maestro Elías —tío de la rubia camarera y pitonisa

Nieves— entonaron las estrofas a los acordes de la banda del regimiento de Fabián. La plaza del Café del Vapor hervía de Joteros endomingados. Sentada en primera fila y vestida de gala, aplaudía Rosarito.

Lucio destapó el velo que cubría su figura prócer. El político Facundo leyó un discurso disparatado porque no estaba a su lado la cachonda Dolores para estimularle y Facundo, si no follaba, se equivocaba. La marquesa, esponjada al advertir cuánto se quería a su hijo, se vio de pronto alegremente sorprendida: el mosén se dirigía a ella apartando la multitud a manotazos, como si tuviera algo muy importante que comunicar. Así logró acceder el cura al círculo de autoridades del que voluntariamente se había marginado. Y cuando nadie sospechaba un acto similar en el carácter del mosén, éste sacó un cuchillo de sus hábitos y apuñaló a la marquesa.

6

EXÁNIME se desplomaba la marquesa en brazos de Andrés, que había volado a recogerla desde el balcón de «Alfadario» donde presenciaba el acto. Histéricas voceaban el crimen las camareras mientras el mosén pugnaba por rematar al perrazo que emergía huraño de su infinito sopor exigiendo venganza. A la carrera depositaba Andrés el cuerpo de la marquesa sobre el lecho conyugal, ésta abría los ojos para distinguir a su portador y un carruaje buscaba rápidamente al médico de poblados bigotes al que la cocinera Encarna había visto curda y desvariando en las inmediaciones de palacio.

Oficioso, Celestino arrastraba al mosén a las caballerizas aledañas y recordando las veces que sobre la paja tierna del establo se había zumbado a la yegua coqueta entre aspavientos de los caballos rijosos, se ensañaba sin miramientos en el cuerpo del enviado de Cristo, dejando su alma al cuidado de su fiel ama de llaves que, alelada por la tragedia que voceaban los periodistas, invadía el convento de las Arrepentidas donde Amós vestía a la Abogada de los Imposibles y prometía un trisagio con los brazos en cruz si el mosén salvaba la vida.

Ya el médico, después de reconocer a la marquesa con más celo del profesionalmente exigido y de pretender hacer lo propio con el tentador escote de la camarera y pitonisa Nieves —lo que le valió un sablazo en la entrepierna de su novio, el lugarteniente Cosme—, dictaminaba manoseándose los mostachos y la zona golpeada por el militar que el puñal no horadó la piel por inexperiencia del homicida y del artesano fabricante. En dependencia aneja, mantenía Lucio ante Fabián y los beatos de «La Condena» que se haría justicia a quien atentó contra su querida madre. Siguiendo sus instrucciones, soldados del lugarteniente Cosme rescataban de las caballerizas al magullado capellán.

Con la miel en los labios, Celestino asió la garrota que en el mundo utilizaba el llorado lidiador Higinio y se personó en la tienda de Amós donde, sola, aullaba Rosarito presintiendo otra noche sin amor. Acostumbrados los vecinos al monótono gruñido de la joven, no advirtieron matices de lenguaje cuando Celestino, cabalgándola con brío, arrancó dulzuras de su voz. Pero la madre, que las escuchó cuando regresaba del convento, penetró despavorida en el local pensando en Venancio y al encontrar a Celestino en pelota, unió sus gritos a los de su hija. Aunque distintos en motivación, no se paró Celestino a diferenciarlos. Aterrado de la algarabía y de la catadura de Sagrario, huyó con tanta precipitación que al coincidir su salida con la entrada de Amós, dejaron de percibirse sus blasfemias de palafrenero por la superior entidad de los golpes dados al rodar ambos hombres sobre el pavimento. Acudió Sagrario al estrépito con la garrota que olvidó Celestino en su fuga y, jaleada por las comadres atraídas por la desnudez del violador, descargó tremendos palos en las costillas de éste.

Repentinamente lúcido Amós al reconocer el instrumento de guerra de su inolvidable amante en la leyenda grabada: Calienta pero no quema, detuvo la mano vengativa, se cargó a Celestino a sus espaldas antes de que la multitud le apiolase al saber su profesión y procuró aliviar sus padecimientos en la tienda con jamón serrano y orujo.

Educadamente justificó su rapto lascivo el servidor del orden en la necesidad de poner a prueba su impotencia sexual y tras aconsejar a Amós que echara de su casa a Sagrario por sus vinculaciones con el homicida de la marquesa, se marchó a sacarle los hígados al mosén, con el jamón y la botella bajo el brazo.

No se le concedería esa oportunidad con su enemigo vivo: al amparo de la oscuridad, el destacamento que arrancó de las zarpas de Celestino el cuerpo del capellán, se trasladó a la pradera a colgarle del patíbulo. Cuantos acudieron a la mañana siguiente a ese escenario consagrado por el pintor Mogacho, no identificaron al criminal en el morado pelele que el viento mecía. Por ello Sagrario sostuvo que el mosén no había muerto y, tan loca ya como su hija en fabricarse quimeras, partió con Rosarito en su busca dejando otra vez solo a Amós.

7

Los soldados que liberaron al mosén de la vesania de Celestino, le llevaron a la cárcel, donde un simpatizante de la facción de Miguel, llamado Blas y vagamente parecido al sacerdote, fue forzado a sustituirle en la horca tras recibir del capellán sus ropas de reglamento y los últimos auxilios espirituales.

El círculo católico de «La Condena», promotor de la idea del canje que Lucio aceptó para no ser excomulgado, trasladó a palacio al capellán entre precauciones inútiles porque, deformado por la paliza del palafrenero y miserablemente trajeado con los harapos de Blas, ni su fiel Sagrario le hubiera reconocido. Lucio encerró en su gabinete al mosén y después de obligarle a besar el retrato de la marquesa, le abofeteó hasta privarle de conocimiento.

Se recuperó el mosén a kilómetros de allí, raptado por el lugarteniente Cosme y la rubia camarera Nieves que, desnudos como Adán y en apremiante estado de gracia, requerían su bendición para fornicar como

Dios manda. Desconcertado el cura por el candor de los contrayentes, mayor fue su trastorno cuando le confesaron que le conducían al campamento de Miguel a que purgase su fechoría, pues ni él como militar constitucional, ni ella como servidora de la marquesa, acataban el indulto que Lucio concedió al clérigo en una habitación contigua a la que ellos casualmente ocupaban en su peregrinar erótico por los salones de palacio.

Resignado a la interminable sucesión de reveses con que el cielo le probaba, compareció el mosén ante Miguel. Su presencia confirmaba a los revolucionarios la muerte de su colega Blas en inicuo canje y desmentía los rumores que suscitó la desaparición del sacerdote entre los enterados del trueque.

Eran los más inquietos por la ausencia del capellán los que le rescataron de la horca pues pensaban presentarle candidato en las próximas elecciones censitarias aprovechando su aureola de mártir de los liberales y la propaganda que Sagrario le hacía por las esquinas donde pedía limosna con su hija tonta.

La insensata lengua de Sagrario —desconocedora del secuestro del capellán— difundía que el mosén había resucitado por mediación de la Abogada de los Imposibles. Pasquines anónimos denunciaban, por el contrario, que el cura se fugó con una rubia echadora de cartas después de colgar los hábitos y de embarazar a la marquesa.

Puesta en entredicho la honestidad de su dama, Melchor demandó explicaciones a Lucio enarbolando el libelo calumnioso. Lucio replicó enseñándole un ejemplar de «Alfadario» donde se decretaba su relevo como director de la fundación de los marqueses de***.

Esa madrugada, sodomizando a la mulata de nalgas soberbias, comentó Lucio que no toleraba dudas sobre la decencia de su madre ni a los intelectuales de derechas. A la misma hora, Melchor admitía masturbándose frente al espejo, que no era Lucio tan incauto como para enemistarse con el sibilino círculo de «La Condena».

Con Facundo como director de la fundación, el empresario del Teatro de la Cruz y sagaz espeleólogo de escotes Benavides, transformó la Inclusa en lupanar. Gonzalo, el más avispado banquero romántico, desplazó el Hospital de Pobres a las afueras, junto a la Plaza de Toros, por donde discurriría el ferrocarril.

La caída de Melchor supuso la de su protegido Andrés Niporesas, mas no su cesantía, porque con unos créditos del banquero Gonzalo, Melchor fundó un órgano de oposición tolerada que denominó «Luz de Progreso». En él, Andrés publicaba en folletín dramas románticos y, en la sección de fondo, ásperas sátiras de las costumbres burguesas. Bautizaba sus piezas teatrales con mitológicos nombres femeninos y firmaba sus artículos bajo el seudónimo de «Áspid».

Harto de que el mosén le cantase a cualquier hora el Miserere, el revolucionario Miguel, que como barítono aficionado tenía buen oído, le desterró al pueblo de hermosos caballos donde se inició la carrera del sacerdote. Y como en la anterior ocasión en que coincidieron Miguel y el mosén, le acompañó a su destino el correligionario sordomudo.

Miguel despidió luego con un fuerte abrazo e instrucciones concretas al lugarteniente Cosme, que se dirigía a la capital a sublevarse con su guarnición. Como su gesta no era propia de mujeres, Nieves permaneció en el campamento.

8

A UÑA de caballo y con los pronósticos favorables de Nieves, se presentó Cosme ante su superior Fabián y le notificó que regresaba de casarse. No le atendió Fabián porque se hallaba empeñado en orinar sobre la boquiabierta Rosarito, que mendigaba entre los invitados al concierto inaugural de la temporada de otoño, pero sí el soldado Román, el hijo de la cocinera Encarna, al que Cosme puso al corriente de sus planes.

Tras acostar al borrachuzo de Fabián, Cosme se vistió el uniforme de gala, amartilló la pistola que pensaba disparar contra Lucio y penetró con Román en el palacio de los marqueses.

En el amplio salón luminoso, Venancio tocaba el

clave. Mas no se escuchaba música del mosén porque su incalificable tropelía había alterado el primitivo proyecto de homenajearle.

Estrenada ya «Hurgar con ruego» con éxito grande y sensible la aristocracia al pentagrama castizo, Venancio ofrecía al auditorio las primicias de su nueva zarzuela. En ella intervendrían los mismos actores que representaron «Hurgar con ruego», dada su popularidad.

La nueva zarzuela era continuación de la anterior. Del ambiente goyesco de aquélla, se pasaba al romántico. Y se iniciaba en el mismo escenario de la fundación de los marqueses de***, a la que llegaba un forastero en mula.

Dora, que le confundió con el marqués, se negaba a pagarle el alquiler de su vivienda. Pronto comprendería las ventajas de hacerlo, ya que con su importe y con el recabado a los Joteros por idéntico concepto, la fundación se ampliaba y convertía en ciudad moderna cuyos habitantes, reconocidos a su bienhechor —ese extranjero que se peleó con Dora— le elevaban una estatua. Para esa emotiva escena, Venancio aprovechó el himno que compuso cuando se inauguró el obelisco al prócer Lucio.

Los Joteros de siempre actuaban en esta nueva zarzuela de rentistas acomodados. Sonrientes posaban para Emmanuel, el fotógrafo de ensortijada cabellera que, desde París, se acercó hasta la capital con su hijita Marie-Loup, de monumental pamela. Emmanuel, con su deslumbradora bengala, conseguía una transcripción tan fiel de la realidad como la laboriosamente obtenida en sus cuadros por Mogascio y los legendarios pintores de la Corte.

Todavía con esta imagen de la zarzuela romántica en su memoria, llegó la marquesa a la mañana siguiente al punto de reunión ciudadana que describía Venancio en su obra. Allí, en los luminosos domingos otoñales, plantaba su trípode el fotógrafo Emmanuel.

Un móvil tan anhelado como el que cargaba la pistola de Cosme aceleraba el corazón de la marquesa: atraerse a ese poeta melenudo que al tomarla en sus brazos cuando cayó en las garras del mosén, disparató hacia la locura su tendenciosa fibra sentimental.

Desde entonces devoraba sus dramas grandilocuentes, ocultándose en el anonimato le enviaba billetes apasionados, conectaba con las nuevas corrientes de pensamiento y, a través de su leal camarera Rosa, espiaba sus citas. Porque, para mayor dolor de la marquesa, el objetivo de sus amorosas ansias cortejaba a la bailarina del Teatro de la Cruz, esa maldita Dora que tanto subyugó a su esposo.

Ducha en disolver idilios, había determinado cortar el de la actriz y el poeta. Y como convino con éste en palacio la noche del concierto, le aguardaba con ese fin en el paraje reflejado en la zarzuela romántica, en la avenida arbolada del convento de las Arrepentidas, junto al templete de la banda municipal.

Había abandonado la marquesa el carruaje y, democráticamente confundida con los ciudadanos Joteros, escuchaba los sones de la orquesta. Al saludarla, los hombres se llevaban la mano derecha a la chistera, sin destocarse apenas, y las mujeres balanceaban la sombrilla desplegada. Por un momento se detenían, comentando ellos los vaivenes de la Bolsa y ellas, las infidelidades de la servidumbre. Luego, reanudaban el paseo trazando una circunferencia sobre el eje de los músicos hasta que al terminar la banda se inmovilizaban y respondían al ceremonioso asentimiento de los profesores batiendo agradecidos las manos enguantadas.

9

LA MARQUESA vio a Andrés y Venancio con la familia de Emeterio. Ésta salía de misa del convento de las Arrepentidas. La orquesta suspendió el concierto porque los soldados, alineados a la puerta de la iglesia, afinaban las trompetas que amenizarían su regreso al cuartel y no era prudente mezclar las músicas.

Este movimiento de la tropa convocó a los que antes atraía la orquesta y, como todos los domingos a la misma hora, Sagrario situó a la tonta de su hija, vestida de fiesta y muy guapamente peinada, en sillita baja de primera fila para que presenciase el espectáculo.

El pasto gregario de la milicia se espesó sobre los ciudadanos endomingados. Hueca estalló la voz del lugarteniente Cosme que inmediatamente secundó el cornetín de órdenes. Y en la tensa expectación provocada, al compás del tambor y las trompetas, con el arma al hombro y la mirada al frente, empezó a desenroscarse la formación militar.

Intoxicado por la rítmica pisada y la brava marcialidad, un espectador vitoreó al ejército nacional. Fue entonces cuando el lugarteniente Cosme desenvainó el sable y empinándose sobre el estribo de su caballo, añadió las palabras de rigor:

—¡Venguemos al inocente ahorcado! ¡Viva España con honra!

Seco pistoletazo y densa descarga de fusilería confirmaron el pronunciamiento. Corrieron los civiles a guarecerse en el kiosco de la música mientras los más audaces soldados arremetían contra el vehículo de la marquesa. Tembló la yegua coqueta, se bamboleó el carruaje. Sagrario refugió en su regazo a Rosarito, mas notó que de la sien izquierda de su hija manaba sangre escandalosa que teñía su delantal y se mezclaba en el suelo con la derramada por la yegua que, herida de muerte y rebozada de arena, coceaba agónica las astillas desprendidas en la destrucción de la calesa.

Horrorizada por la desgracia de su montura, la marquesa se desplomó en brazos de Andrés. El poeta la transportó al templete. Oculta entre los instrumentos de percusión, la marquesa asistió al triste cuadro de la yegua despanzurrada, la madre sollozante y la niña muerta.

Revoloteando entre la soldadesca, Encarna recomendaba a su hijo Román que se abstuviera de intervenir, mientras Sagrario preguntaba dulcemente a Rosarito por qué no resucitaba como el mosén y el lugarteniente Cosme arengaba a los suyos, situándose en vanguardia para ejemplo.

Pavoneándose en la caballería, sintiéndose héroe de la historia y flor de leyenda, avanzaba Cosme en dirección a palacio pregonando el trueque en el patíbulo y alentando a responder al vilipendio porque más valía morir de pie que vivir de rodillas. Junto al obelisco a Lucio, en el que el obcecado Cosme ni siquiera reparó, trataba Encarna de rescatar a Román para la vida doméstica:

—Déjale, si va ciego. Déjale que se estrelle solo.

Mientras forcejeaba con él, la tropa les adelantó. Cuando Román se desasió de su madre, los soldados le llevaban un respetable trecho. En gloriosa delantera cabalgaba Cosme, iluminado portavoz del conjunto que le seguía a unos trescientos metros, sin esforzarse en reducir distancias. Mucho más en retaguardia, remoloneaba Román, cabizbajo por las amonestaciones de su madre.

Prevenida, la guardia palaciega obstruía el paso a los sublevados en el zaguán de la fundación. Cosme desobedeció el alto y, con intención didáctica, quiso camelarse a sus oponentes.

—¿Sabéis dónde está el mosén? —preguntó con jactancia.

—En el coño de tu mujer —replicó Fabián mostrando su conocimiento del libelo injurioso.

Ofuscado por la afrenta, Cosme picó espuelas para salvar el cerco y un disparo que se produjo a sus espaldas, le descabalgó.

—Ríndete, cornudo —conminó Fabián al exánime.

—Pido mandar al pelotón que me fusile —significó Cosme antes de morir en medio de la calle sin ver cumplido su deseo.

10

LA MUERTE de Rosarito se achacó a Cosme. Y como por la muerte de Cosme se ascendió a Román a cabo, la cocinera Encarna, agradecida y ecuánime, depositó un jazmín en el muladar donde sepultaron al lugarteniente y una docena de crisantemos en el féretro de Rosarito, a la que rindieron honores militares los mismos soldados testigos de su fallecimiento.

En el entierro, los escolares del maestro Elías corearon el himno a Lucio, triunfante de la asonada. Y en emotiva ceremonia ante la fachada del convento de las Arrepentidas, donde Sagrario y Rosarito habían pedido limosna, Celestino el palafrenero, violador de la difunta, dio posesión a Sagrario de la vivienda de Cosme.

Sagrario pronunció unas palabras de gratitud. Se desprendía de su discurso que si nunca creyó ahorcado al mosén, menos se hacía a la idea de la desaparición de su hija aunque bien muerta la vio, vestida de blanco y con zapatos prestados para el último viaje, limpio el rostro de sangre y ennoblecido al tener la boca cerradita, rezumando aquella belleza ingenua de cuando era persona y de la que Emmanuel dejó constancia en fotografía que Amós colgó a la puerta del atrio para edificación de Joteros.

Entretenido el sacristán en despachar de su barbería a Celestino que, agudamente afectado por el óbito de la que denominaba su novia, le demandaba gratis comercio y bebercio, no volvió a acordarse de la foto hasta que un sordomudo llamó a su puerta de madrugada y tomándole de la mano le condujo a la fachada del convento donde, bajo la faz de Rosarito, podía leerse: «Plaza del lugarteniente Cosme.»

Amós hizo ademán de borrar con la manga de la camisa la inscripción subversiva pero un fortísimo empellón le disuadió. Cuando recuperó el sentido, el letrero librepensador era chamuscado por un ejército de cirios que, desde el interior de la iglesia, sacaban por el campanario dos palomas, blancas como el alma de la difunta, para que sirviesen de escolta en el atrio a la imagen de Emmanuel.

Un disparo de fusil desveló definitivamente a Amós. Convencido de haber vivido una pesadilla, se echó a la calle. A pocos metros del convento, agonizaba un sordomudo. Herido en la sien izquierda, en el mismo sitio de Rosarito, unas palomas untaban el pico en su sangre y coloreaban con ella la fotografía de la lela que, recamada y alumbrada por numerosos cirios, se parecía extraordinariamente a las imágenes devotas.

Así lo reconoció el sordomudo, que rompió milagrosamente a hablar antes de expirar reconciliado con la verdadera fe. El sacristán transmitió sus palabras de arrepentimiento a «La Condena». El órgano católico aprovechó ese testimonio para solicitar la beatificación de la mártir del retrato y de la lascivia de Celestino, a la que ya denominaban la Virgen de la Paloma. También reclamó «La Condena» la apertura de proceso criminal contra la partida de Miguel, de la que formaba parte el sordomudo abatido por la guardia palaciega.

Las palomas no volvieron a presentarse por el convento, mas sí Joteros curiosos, cada uno con un cirio similar al que, según la leyenda, portaron las aves. Lo adquirían en la barbería del sacristán Amós que, en pocas semanas, liberó su establecimiento de la hipoteca con que Gonzalo gravaba sus impagos y encargó un mausoleo para Higinio en mármol de Carrara.

Sensible a las aspiraciones populares, el avispado banquero Gonzalo ideó levantar una catedral donde sucedió el portento. Venancio debía componer el himno conmemorativo. Para escribir la letra, se prestó gustoso Emeterio, director de «Alfadario». Andrés Niporesas desenmascaró la superstición religiosa en «Luz de Progreso». El maestro Elías, hombre de letras, recitó ese artículo a sus escolares. Oficioso, Celestino probó la garrota de Higinio en la espalda del maestro y le encarceló.

Cuando Elías salió de prisión, encontró en su casa a su sobrina Nieves, embarazada del lugarteniente Cosme. Se había refugiado allí en compañía de un canario piante tras deducir de los naipes que la marquesa no la readmitiría como camarera después del pronunciamiento de su marido. Sorprendidas las vecinas de su gravidez, ya que la creían soltera, atribuyeron el encarcelamiento de su tío a haberla preñado.

11

MAESTRO sin alumnos —porque los padres desconfiaban de quien ni su sobrina podía estar segura—, Elías se empleó de memorialista. Y mientras Nieves, arrullada por el canario, bordaba en casa la bandera de la libertad —que Miguel le encargó al saberla desvalida y encinta—, el maestro redactaba cartas a cambio de unas monedas en el Café del Vapor.

Acudían a su mesa —desde donde se divisaba el obelisco al prócer de la ciudad moderna—, enamorados analfabetos y hombres sin trabajo que solicitaban colocación en las obras de la catedral del milagro.

Se financiaba el templo con las limosnas de los devotos. Una parte de las mismas se las reservaba el avispado Gonzalo para inversión y otra cedía a Lucio como propietario del terreno.

«La Condena» prometía indulgencias a los suscriptores y «Alfadario» ponderaba la rentabilidad de la operación. Se importaba novísima maquinaria textil para fabricar hábitos y estandartes con la efigie de Rosarito y el sagaz espeleólogo de escotes Benavides, erigía al lado unos prostíbulos para los peregrinos, ya que un complejo místico de envergadura requería su correspondiente complemento frívolo.

Privada la catedral del cemento necesario, pues lo detraía Benavides para construir los prostíbulos, una ventolera hundió el escuálido andamiaje sacro, que arrastró en su caída a los profanos lupanares.

Esta destrucción en cadena, que como figura retórica no dejó de edificar a las almas frágiles, sumió en negra desesperación a los que en la supervivencia de ambos inmuebles cifraban sus esperanzas de echar una cana al aire o encomendar el espíritu. Abatidos igualmente los que secundaron tan elevada empresa con sus ahorros de una vida de hormiguita, formaron malhumorada coalición con los que perdieron la posibilidad de ganarse el pan como albañiles, sacerdotes o putas.

Sagrario afrontó la calamidad con entereza, pues al rato de producirse buscaba en los escombros aquella fotografía impulsora del negocio, quizá con ánimo de reiniciarlo.

El padre de Venancio, por el contrario, evaporadas sus ilusiones de montar una pastelería para su hijo, escribió a éste que, de toparse en el pueblo con el mosén, de un trompazo le devolvería a las alturas.

No menos furioso se personó Fabián en palacio proclamando que deseaba hacer rodajas al chorizo de Benavides. La marquesa consiguió aplacar al frustrado accionista de los burdeles cediéndole una participación gratuita de su cuerpo serrano. Fabián, aunque lisiado, la tomó.

De esta crisis cuya existencia siempre desmentía el

político Facundo después de haberla experimentado entre los muslos de la cachonda Dolores, fue Gonzalo el promotor de la idea regeneradora. El avispado banquero pensó que, congelada la expansión textil y multiplicados los cesantes tras el hundimiento de la catedral, sólo una declaración de guerra permitiría incorporar a los parados al Ejército y hacer rendir las máquinas, hoy inactivas, fabricando uniformes militares.

La noticia, transmitida por los correveidiles de Bolsa a los rentistas, salpicó con grandes titulares la portada de «Alfadario» mientras Lucio, indiferente al descontento público, tocaba el clave en su gabinete.

Vestido, pues, con el paño que ya no usarían los peregrinos y tras las enseñas concebidas en principio como estandarte de fe, el cabo Román se dirigió a tierras de ultramar a combatir. Y hasta el barco le acompañó la música de un pasacalle que había compuesto el pianista del Café del Vapor.

Este hombre de mediana edad y grandes bigotes castaños, ingenioso y humilde, llamado Federico Chueca, era de natural bondadoso, tenía mucha gracia para robar corazones y se decía de él que no se quitaba el bombín ni para dormir.

Muchos se enardecían con las notas de esa marcha. Otros, como Encarna, sufrían al oírla la ausencia de su hijo soldado. Y viudas como Nieves, recordaban episodios de su juventud sacrificada.

12

HOY, en el asilo de la fundación de los marqueses de***, los ancianos intérpretes de las zarzuelas de Venancio tararean la marcha de Chueca cuando la toca su compañero del Café del Vapor, el violinista Asenjo.

Al escucharla en el asilo mientras riza el cabello de Amós, Rosa, la tradicional compañera de Nieves en el reparto de personajes, rememora la estampa de los que partían a la guerra. Lucio y sus asesores capitalistas: Gonzalo, Benavides, Facundo y Emeterio, despidieron solemnemente al primer destacamento de soldados.

Debía haber presidido la ceremonia la marquesa,

como titular de la fundación. Pero excusó su asistencia en una jaqueca pues no quería perderse una entrevista con Andrés. Su camarera morena Rosa, la había concertado días antes, en un billete que entregó al memorialista Elías.

Rosa peinaba a la marquesa cuando Celestino indicó que les esperaba el carruaje. Salieron de palacio por las dependencias traseras y en sosegado traqueteo recorrieron las calles pobladas de militares que desfilaban a los sones de la marcha de Chueca.

Junto al convento de las Arrepentidas, Sagrario suplicaba la victoria de las tropas a la efigie de Rosarito, insinuada en un paño morado. Desde el pescante, Celestino lanzó una limosna a la beata para que rezase por las intenciones de la marquesa.

El carruaje se detuvo en la plaza del obelisco a Lucio. Rosa y Celestino penetraron en el Café del Vapor.

Desde el interior de la berlina, observaba la marquesa los corros de embozados. Relinchó su caballería asustando alegremente a una pandilla. La marquesa reconoció en el grupo a Venancio, que daba el brazo a la jovencísima hija del periodista Emeterio, la flaca Emeteria, con la que mantenía relaciones formales. Aunque los novios se llevaban veinte años de diferencia, el padre del músico transigía en esta ocasión con el enlace ya que significaba un ascenso social para su hijo.

La comitiva de Venancio pisó el café en olor de multitud. Actrices y actores les reclamaban. Calló la orquestina hasta que los camareros colocaron a los recién llegados en sitio preferente. Desde que se enamoró de Emeteria y conectó con ambientes selectos, Venancio apenas frecuentaba el local.

Cuando remitió la algazara, el violín de Asenjo y el piano de Chueca iniciaron las coplas de «Hurgar con ruego» que los bandoleros cantan al ser liberados de la Cárcel de Corte por el marqués. Venancio avanzó al estrado de los músicos y les agradeció el homenaje. No era amigo de alardes, pero como tampoco le gustaba mostrarse engreído, accedió a dirigir su propia composición. Pero, a escondidas de Chueca, sugirió a Asenjo que cambiasen de partitura.

Así, el violinista, a la señal de Venancio, pasó a ejecutar la marcha de Chueca, para asombro de éste. El público, enfervorizado, se levantó a corearla y fue en ese momento de debilidad emotiva cuando un provocador a sueldo de «La Condena» o un temperamento liberal —pues Rosa lo ignora aún al cabo de tantos años— gritó la proclama subversiva:

—¡Abajo la tiranía! ¡Muera la guerra colonial!

Al oír la voz, Celestino, que se desojaba buscando a Niporesas entre los clientes, escapó del establecimiento arrastrando a Rosa. Lo hizo con discreción de guripa avezado, pero el memorialista Elías descubrió a quien le golpeó en la cárcel con la garrota de Higinio.

Viéndole junto a esa compañera de su sobrina Nieves que tanto había insistido en convocar allí a Niporesas, se alegró de no haber transmitido el recado a Andrés. En aquel antro de conspiradores y bohemios, la presencia de Celestino, toscamente disfrazado de palafrenero, le confirmaba su temor de que la policía andaba tras el más famoso articulista de la prensa de oposición, ese Niporesas cuyos escritos Elías subrayaba y recitaba a los parados.

Elías no comunicó sus impresiones ni delató a Celestino para no soliviantar los ya excitados ánimos, pero pasado un tiempo prudente, se echó a la calle a prevenir a Andrés. No le halló en su casa ni en «Luz de Progreso», donde encareció la necesidad de encontrarle. Regresó al café y al preguntar por él a gente de confianza, le notificaron que acababa de marcharse con un desconocido que le abordó a la entrada con apremiante ímpetu.

13

ESE hombre era Melchor, el fundador de «Luz de Progreso», que extrañado de ver a Andrés en abierta conversación con la marquesa junto al carricoche de ésta, decidió seguir el coloquio ocultándose en la sombra. Moribundo de celos y envidia, no podía discernir qué lamentaba más, si la deslealtad del correligionario que pactaba con la reacción o la infidelidad de la mujer a la que aún quería.

Desde su escondite, oyó el grito de exaltación pronunciado en el café y distinguió a Rosa y Celestino cuando corrían hacia el carruaje. Nada sorprendida la pareja de hallar a Andrés donde no le buscaban, se enredó amorosamente en el pescante.

Partió al fin el coche. Andrés hundió la cara en el embozo de la capa, arrojó el cigarro y se disponía a entrar en el local cuando Melchor le asaltó con la consigna carbonaria:

—¿Niporesas eres tú?

—Áspid me llaman —replicó Andrés, atónito de encontrarse a aquellas horas con su jefe.

Melchor invitó a cenar a su subordinado. Estaba resuelto a investigar su conducta pero, después de beber en exceso, terminó declarándole que prefería recuperar el amor de la marquesa a imponer sus ideales.

Como artífice de «Luz de Progreso», Melchor se arrepintió al instante de haber confesado la debilidad de sus convicciones revolucionarias. Menos le dolió esto, sin embargo, que intuir en el silencio de Andrés la confirmación del presentido romance entre la marquesa y el poeta. Destilando amargura y rencor, preguntó agresivamente al periodista si se fiaba de esa mujer.

—Tampoco estoy seguro de usted —declaró Andrés tranquilamente.

Dejaron la taberna hostiles. Por una turbia necesidad de dignificarse, Melchor quiso deslumbrar a su antagonista amoroso con una revelación política y le condujo a una buhardilla donde unos hombres se reunían entre grandes precauciones. Melchor presentó a Andrés como hijo de un amigo antiguo.

Reanudó ·su discurso el que estaba hablando. Con grave acento subrayó que cinco guarniciones de la capital avalaban la sublevación contra Lucio. Algunos destacamentos que volvían de América, el de Román entre ellos, se sumarían a la causa si Miguel la encabezaba.

Los conjurados abandonaron la vivienda en discretos grupos. Andrés marchaba excitado por el horizonte revolucionario que presagiaba. Agradecido a la deferencia de Melchor y para que olvidase el desconfiado juicio que le mereció en el figón donde cenaron, le hizo partícipe de un secreto: la vida de un encumbrado personaje de la fundación iba a extinguirse por su mano.

—¿No me considera capaz de matar a Lucio? —interrogó el poeta acariciando una pistola que portaba en su pecho.

—¿Utilizas a la marquesa con este fin? —deseó saber Melchor en la esperanza de que no hubiese amor entre ellos.

—La marquesa es solidaria con los oprimidos —manifestó categóricamente el joven carbonario.

Rosa recuerda que se despidieron bajo la ventana del piso donde ella y Melchor se veían. Desde que Melchor cesó como director de la fundación, Rosa le informaba de los acontecimientos de palacio.

Cuando Melchor llegó al rellano del piso, Rosa salió a recibirle con un candil. Melchor apagó la palmatoria y desabrochó el vestido a la mujer. Rosa contuvo la impaciencia de Melchor y le introdujo en casa.

Rosa no quería desnudarse en la habitación donde solía ofrecérsele enamorada y confidente, ya que dentro de una semana se casaba con Celestino.

Melchor encajó la comunicación sin alterarse. Lentamente se aproximó a Rosa y con delicadeza le destrenzó el cabello.

—¿Puedo pedirte un favor?

Rosa, sonriente, le enseñó un anillo.

—Compréndelo, pichón, estoy comprometida.

—Dame una cita con la marquesa.

Rosa respingó desconcertada.

—¿Sólo me quieres de recadera?

Melchor aseveró con la cabeza. Jeringada por la honestidad de su amante, Rosa volvió a desnudarse sin dejar de mirarle.

—Júrame que será la última vez.

14

LA MARQUESA recibió a Melchor en el salón luminoso, con el perrazo a sus pies. Tan aviejada halló a su antigua conquista que pensó aterrada en su propia figura. Y para que la claridad no delatase sus viruelas, se recogió en penumbra mientras exponía a Melchor a la evidencia.

Entendiendo la intención de la marquesa, Melchor sacó a colación lo que les distanció: las calumnias sobre el comportamiento amoroso de la dama tras el canje del mosén por un infeliz en el patíbulo.

La marquesa no quería hablar de política con su amante, por lo que le agradó comprobar que Melchor transformaba las cuestiones de Estado en reproches personales. Melchor zahería al mosén para resaltar, por contraste, sus virtudes. Gozosa de los celos de Melchor, la marquesa excusaba al sacerdote:

—Tendría sus razones para obrar como un criminal.

—También yo las tendría para matarte.

La marquesa fingió no haberle oído.

—En fin, se equivocó y ese aquí no vuelve.

Y temblando de ansiedad, prosiguió mirando al ventanal:

—Dime a qué vienes tú.

Abrumado por la melancolía del poder perdido, Melchor declaró con vehemencia:

—No me equivoqué cuando te quise y no me arrepiento de amarte.

—Hay cariños que matan —apuntó la marquesa por el mosén—. ¿También tú me matarías?

—Otro al que amas lo intenta.

Melchor se incorporó del asiento para susurrarle la confidencia de Andrés. En el movimiento, cayó de su bolsillo un pañuelo de encaje, con una R bordada. La marquesa cambió de tono:

—Jamás imaginé que te liaras con mi peinadora.

—Para estar cerca de ti —se sinceró Melchor.

Con admirable resolución, Melchor le introdujo el pañuelo por el escote. La marquesa brincó como quemada. Melchor abarcó su cintura pero retiró despechado la mano.

—¿Llevas cilicio? ¿Te lo puso el mosén?

Avergonzada, la marquesa se enjugaba lágrimas invisibles con el pañuelo de Rosa.

—La Virgen de la Paloma me perdonará los amantes que tuve —gemía—. Ninguno merecía la pena.

Melchor se encrespó, como un marido con su esposa.

—Sólo cuando te apuñale me creerás.

La marquesa desvió las caricias de Melchor y le dio una estampa de Rosarito. Melchor arrojó al suelo la cartulina y se abalanzó sobre la marquesa:

—No finjas beaterías, liberalona.

Rodaron por la alfombra debatiéndose. El perrazo irguió las orejas expectante. Un retén de policía invadió el salón.

—Reduzcan al violador —ordenaba Celestino a sus secuaces enarbolando la garrota de Higinio.

—¿Les llamaste tú? —murmuró Melchor a la marquesa tratando de desenredarse de las cintas y encajes compartidos.

—Yo les avisé —anunció Rosa al fondo de la estancia.

Con aséptica pericia, los guardias arrastraron al petimetre ante la mirada impávida de la peinadora. El detenido llevaba los pantalones por los tobillos y la magnífica peluca tambaleante.

—Nada hay peor que una mujer celosa —confió Celestino a su víctima sin saber que hablaba con quien le ponía los cuernos.

Desalada abandonó el salón la marquesa. Su huida despertó la curiosidad de todos y la extrañeza profesional de Celestino, que la siguió por las penumbrosas habitaciones hasta el dormitorio de los marqueses, donde se refugiaba Andrés.

—La policía, bien mío, escapa —formuló la marquesa jadeante.

Iba el poeta a esconderse bajo la cama cuando Celestino, pisándole los talones a la mujer, forzó la puerta y descubrió el apaño.

—Es inocente, lo juro —voceó afligida la marquesa.

—Pérfida —rugió Andrés después que Celestino se hiciera cargo de su pistola.

15

A LA plaza donde se alzaba el obelisco a Lucio afluyeron los primeros repatriados de la guerra ultramarina que encarnizadamente proseguía. Tocaban la misma marcha que les despidió al tomar el barco y cuando Asenjo la reproduce en el asilo de ancianos actores de la fundación de los marqueses de***, Rosa se acuerda de haberla escuchado vestida de novia, en la capilla del convento de las Arrepentidas donde se celebraba su enlace con el policía Celestino.

Algunos invitados se desentendían de la ceremonia religiosa y presenciaban el desfile de las tropas desde el atrio. Seducidos por la charanga, salieron también a la calle los contertulios del Café del Vapor. Pese a venir desmadejados y polvorientos, los soldados se engallaban ante los aplausos de los espectadores patriotas.

Desde la mesa donde redactaba cartas de súplica a los que no sabían escribir, contempló Elías la parada. Fumaba un cigarro de los que se fabricaban en ultramar. Venancio había hecho generoso ofrecimiento de ellos a los clientes del café. Se despedía de esos amigos en aquel escenario de su zarzuela romántica porque partía con compañía propia para las tierras donde se peleaba, con el fin de alegrar el ánimo de los soldados.

La marquesa sufragaba el desplazamiento y la manutención de los actores. Dos condiciones solamente había impuesto a Venancio: no conectar con el marqués y enrolar en la expedición a Dora, la bailarina del Teatro de la Cruz.

—Mejor lejos que con Andrés —se dijo.

Encarna distinguía entre los repatriados a Román y le abrazaba llorando. Sagrario, testigo de la efusión, corría despepitada al Café del Vapor y, con aliento entrecortado, dictaba al memorialista una carta para el mosén. Según el cabo Román, estaba en América de capellán castrense.

Pero una noticia más importante para Elías estalló en las mesas del fondo del café, ocupadas por rentistas y zurupetos: «Luz de Progreso» había quebrado y la redacción ingresaba en prisión. Según «La Condena», los periodistas participaban en una conspiración criminal. No estaba detenido Melchor, que se había fugado al extranjero.

Elías dejó a Sagrario con la palabra en la boca. Enloquecido, cruzó la plaza cuando Rosa y su cortejo salían de la iglesia.

Rosa vio acercarse como un ciclón al maestro. Recuerda que la separó de su marido para preguntarle por

Andrés. Rosa se limitó a referirle que los guardias habían impedido una doble violación de la marquesa: en el salón de palacio, a cargo de Melchor —y aquí Rosa escupió con energía al suelo—; y en su misma alcoba conyugal, donde sorprendieron a Andrés armado para satisfacer su deseo lascivo.

Nítidamente rememoró Elías el comentario de Dora cuando alguien le planteó si no le dolía irse de gira sin su novio, el poeta:

—Por mí muerto está. Que le aproveche a la marquesa.

Maldiciendo a la hidra reaccionaria que además de detener a su ídolo revolucionario le calumniaba, Elías se dirigió a la cárcel. Mientras, la comitiva nupcial posaba para el fotógrafo Emmanuel y su hijita de monumental pamela en el atrio del convento de las Arrepentidas donde las palomas efectuaron el milagro.

El cortejo entró en el café al son de la orquestina de Asenjo y Chueca. Distribuían los camareros chocolate a los invitados cuando una detonación paralizó el jolgorio. Responsablemente, Celestino abandonó la fiesta. Poco después, Elías irrumpió en el local con un joven desmayado en sus brazos. Detrás, Nieves lloraba.

Rápidamente se escondió al herido. Era emisario de Miguel. Acababa de abonar a Nieves su contribución como bordadora de la bandera de la libertad cuando la policía le abatió de un disparo. Elías, que le recogió desangrándose, había logrado burlar a sus asesinos.

16

EL DRAMÁTICO episodio deslució el ágape. Los niños cesaron de corretear, enmudeció la orquestina y la pesadumbre se adueñó del ambiente y de las conciencias. Recién casada y sin marido, que la había abandonado por un más alto servicio, Rosa no estaba dispuesta a que se chafase el día más feliz de su vida. Aunque las cartas de su compañera Nieves le pronosticaron desgracia, para recobrar el júbilo que el infortunado joven le robó, se subió a una mesa desde donde exigió música y que la sacase a bailar uno de los invitados.

Haciendo de tripas corazón, Asenjo y Chueca iniciaron una mazurka. Pero a nadie se le ocurría bailar con un agonizante en el sótano. Sólo Rosa pretendía hacerlo descendiendo de su sitial y forzando una colaboración que se le negaba porque la concurrencia se afanaba en otros asuntos. Alguien proponía avisar a un sacerdote. Otros hablaban de marcharse a sus casas.

—El que se vaya, no merienda —amenazó Rosa tragándose las lágrimas.

Muy despechada de no ser atendida tampoco en este aspecto, ganó a la carrera la calle anunciando sombría:

—Habrá jarana como que me llamo Rosa.

Libres de sus coacciones, se arrodillaron los reunidos a instancias de Sagrario, empecinada en encomendar el alma del joven revolucionario ya que su cuerpo era inútil.

En tan piadoso cónclave, aterrizó Celestino. Informado por Rosa del escondite de su presa, hollaba el establecimiento parapetado en su legítima y lanzando disparos de intimidación al techo. Nadie osó impedir su tránsito. Por ello Celestino, tras observar reducido y conforme al grupo de orantes, se introdujo con suma precaución por las dependencias internas del café en el momento en que Elías y Nieves, avisados por la ensalada de tiros, salían mustios al aire del atardecer: el joven había expirado en brazos de Nieves cantando el pasacalle de Chueca y confesando a Elías que los conjurados almacenaban armas en el cuartel del cabo Román.

El memorialista y su sobrina alcanzaron la plaza del obelisco a Lucio cuando Rosa, Celestino y el séquito feroche de servidores del orden público allanaban la habitación del difunto. Rosa se tapó la cara con las manos y Celestino cerró los ojos al cadáver.

—Puedes mirar, está muerto —notificó a Rosa.

En la calle, inflamado por la congoja y la rabia, Elías arengaba a los paisanos para que asaltasen el café y rescatasen al fallecido héroe. En el sótano del local, Celestino ordenó a sus esbirros que trasladasen al difunto al piso superior.

Ya sin testigos en la cámara mortuoria, Rosa hurgó con frenesí en la bragueta del policía. Cinco minutos después de esta maniobra —obsesivamente esmaltada por el violín de Asenjo que decidía afrontar lo que le quedase de vida interpretando a Schubert—, había cambiado el signo ascendente del antiguo palafrenero sin necesidad de recurrir a los naipes de Nieves.

En ese lapso de tiempo, los policías arribaron con el muerto a cuestas. Para mayor responsabilidad de su arriesgado oficio, les aguardaban con afán de camorra los convocados por Elías. Desde el rincón donde le desplazó el conato de bronca entre paisanos y guripas, Asenjo atacó la marcha de Chueca en un espasmo de genialidad latina para que los enfrentados se cuadrasen y cantaran hermanados el himno.

Fue el único momento solidario y pacífico del café en homenaje al que allí murió entonando las vibrantes estrofas. De repente, encañonado por la mujer en quien se había escudado al comparecer allí, tornó Celestino. Accedía blanco como el papel y vilipendiado por la cónyuge en términos muy matrimoniales pero poco cristianos.

—Es todo menos un hombre —vociferaba Rosa despechada.

El fantasma de la yegua coqueta desgraciando al policía rondó por el recinto antes de que se desencadenase el retenido alboroto.

17

DESDE la calle, al principio se oyó rezar; luego, música de Schubert y Chueca y, a continuación, una desgarrada agudeza de la esposa que, en el mágico día de su boda, elevaba al paroxismo las frustraciones inherentes al sacramento del matrimonio. Seguidamente pudo advertirse la sincopada afluencia al centro de la plaza de los enseres que componían el mobiliario del Café del Vapor, arrojados con desigual intención y bravura por los que dentro libraban batalla.

Sagrario blandió un estandarte contra el violador de su hija. Amós atendió con samaritana lascivia a los que yacían sin sentido, ilustrando de paso a los arcángeles infantiles que, con irresponsabilidad manifiesta, se enredaban en las piernas de los contendientes. Transeúntes, curiosos y muchos sin nada mejor que hacer no tardaron en sumarse democráticamente a la marimorena de forma que, como había augurado Rosa, por largos años se tuvo su boda como la más divertida.

La dulce puesta de sol reclamaba un comportamiento menos agresivo de sus afortunados espectadores. Pero a tal grado se remontaba la crispación colectiva que el simulado incendio del ocaso quedó chiquito por la bronca de humo y disparos que en un santiamén recorrió todos los barrios de la moderna urbe. Montáronse barricadas con utensilios domésticos, sangre y ultrajes se propagaron con rumbosa insolencia, despidiéronse de la vida algunos que la esperaban dilatada y sobrevivieron para contarlo otros que ya bordeaban la temible fosa.

Bastantes vieron conducir a Celestino a patadas desde el Café del Vapor. Desamparado por su legítima, seguía el trayecto del heroico lugarteniente Cosme, flanqueado por la chiquillería desmandada que le pinchaba o escupía. Para deliberar si se le llevaba a la cárcel a soltar a los revolucionarios de «Luz de Progreso» o a la horca donde debió suspenderse al mosén, se detuvo la comitiva en el atrio del convento de las Arrepentidas.

Tumbado en las gradas de la escalinata donde murió el sordomudo de la partida de Miguel, escuchó el policía su sentencia. En consecuente arrebato, trató de escapar y firmó con esta pretensión su condena. Arrastrado al patíbulo por veredicto unánime, no le permitió llegar a su destino un sayón piadoso que le abrió el vientre de un navajazo. Luego, la muchedumbre le colgó del hombro los intestinos y, del labio, el miembro controvertido por Rosa, mas no por la yegua coqueta ni por la mártir de la Paloma. Se le ahorcó difunto donde se planeó que moriría y pudriéndose en la pradera le dejaron sus verdugos para arrimarse a los varios fortines y parapetos desde los que se exigía justicia.

En la barricada de Elías, se apuntó al Parlamento buscando la capitulación de los diputados. Intuyó Facundo la animosidad popular cuando una lujosa lámpara de candelabros, desprendida del techo por certera bala de cañón, hizo llama en la alfombra sobre la que cabalgaba a la cachonda Dolores mientras recitaba, para memorizarlo, el discurso de investidura. En un corrillo, informaba Emeterio de la huelga de talleres y Benavides se lamentaba de la incandescencia gratuita de sus meretrices.

Amedrentado por la lluvia de proyectiles y el fuego circundante, retuvo Facundo su personal incendio sin enardecer a la cachonda y, resguardado en la multitud, se encaminó a palacio subiéndose los pantalones. Gonzalo salía del edificio y de su avinagrado ceño dedujo Facundo que se le retiraba la confianza de la Banca. Perdida también la de sus correligionarios, que bastante hacían con asegurar su existencia, sintió en su carne la enemistad del Ejército: Fabián le abofeteó junto a las caballerizas, por blandengue con el populacho.

Llorando como un crío y sin recordar su discurso, Facundo entró en el palacio de los marqueses. Para su extrañeza, halló a la marquesa y su hijo en el gabinete de éste, dedicado a la música, como en sus buenos tiempos.

18

SE TRATABA de una armonía aparente: madre e hijo discrepaban sobre la suerte de Andrés Niporesas. Desde que Celestino le detuvo, no cejó la marquesa en pedir su libertad. Lucio, que transfirió poderes a Gonzalo en cuanto comenzaron los disturbios populares, se escudó en la delegación de funciones para no complacer a su madre. Siguiendo su costumbre en épocas turbulentas, condenó a la castidad a la mulata de nalgas soberbias y, fiando al clavecín la serenidad de su ánimo, elevaba un réquiem musical por ese mundo que con destemplanza pagaba el sacrificio de engendrarlo.

La descarnada estampa del político avanzando por el salón como un borracho, procurando impedir la continua traición de sus pantalones, le recordó a la marquesa la de Melchor arrastrado por la policía. Confuso y balbuceante por faltarle el estímulo sexual de su coima, Facundo no acertó a trasladar a Lucio la exigencia de gracia para los detenidos que la marquesa le había encomendado.

Solos de nuevo la marquesa y su hijo —y en defecto de la reclamación encargada a Facundo, al que Gonzalo conducía a la cocina a reconfortarse con las sopas de Encarna—, reiteró la marquesa su demanda. Taconeando impaciente, esperó contestación en vano, por lo que cuando sonó la madrugada en el reloj del convento de las Arrepentidas, advirtió que se dirigía a la cárcel a liberar a los periodistas.

No se molestó Lucio en interrumpir la guajira que tocaba. Moviéndose inconscientemente al ritmo antillano, la marquesa salió a la calle. Pero a la altura del cuartel, Fabián se opuso a que caminara sin compañía. Esporádicos disparos avisaban que persistía la asonada. Terne la marquesa en su propósito y el militar en contrariárselo, del forcejeo dialéctico pasaron al enfrentamiento físico que, entre veteranos amantes como ellos, culminó en violación frenética.

Perdidos los papeles como el político Facundo, regresó la marquesa a palacio. La primera luz de la mañana se posaba en el salón. Lucio dormía vestido en un diván.

La marquesa mantuvo durante horas un monólogo repleto de amenazas. Cuando, agotada, dejó la palabra a Lucio, éste justificó su decisión de castigar al poeta: siempre procuró corresponder a quienes fueron leales con su madre. Perdonó por eso las infamias del mosén y de Melchor. Pero Andrés era un rival encarnizado, un enemigo convencido de que Lucio sobraba. No podía, pues, tener clemencia.

Con la sentencia inapelable que a las puertas de palacio rubricaban los tambores de los soldados marcando el paso de la cuerda de presos, la marquesa reaccionó histérica. Precedidos de Fabián a caballo, diez reos desfilaban enlazados por una cuerda a la garganta.

Desesperada por la terquedad de su hijo y sin otro argumento para convencerle que el decisivo en su corazón, rogó que salvase a Niporesas por ser su enamorado. Jamás le perdonaría haber segado la vida del que la vida le daba.

En la pradera, un cura leía salmos a los sentenciados con voz hermosa y los Joteros se apiñaban en torno a la tarima donde la horca, caliente aún del cuerpo de Celestino, se alzaba a considerable altura para ejemplaridad del espectáculo.

Francamente escandalizado Lucio de la argumentación de su madre, reveló la intención auténtica del que había pretextado enamorarla para atentar contra él, según decían los manifiestos de sus secuaces. Atónita y abochornada, la marquesa abandonó el balcón desde donde contemplarían la fúnebre ceremonia Gonzalo, Benavides y Facundo.

—Si le matas, es por celos —exclamó antes de partir.

Gonzalo la vio perderse entre la multitud que asistía a la ejecución. Mientras, Fabián galopaba desde el patíbulo hasta palacio en busca de instrucciones o de consentimiento para llevarlas a cabo. Habría recorrido el militar unos doscientos metros cuando el banquero Gonzalo apreció con inquietud que un pelotón de soldados al mando del cabo Román, rodeaban la plataforma de la horca y se apostaban desafiantes, como protegiendo a los revolucionarios.

19

IMPLICADO en la conjura de Miguel, el cabo Román llevaba una semana sin aparecer por casa. Preocupada Encarna de que anduviera en tumultos contra la marquesa, acudió esa mañana de domingo al convento de las Arrepentidas donde asistía a misa el destacamento de su hijo.

Un sol tibio limaba las asperezas de la noche de motines. Muy mermada la resistencia ciudadana, latían rescoldos aislados. Pero sobreponiéndose al pavor que inspiraban edificios calcinados o derruidos, las parejas vestidas de fiesta paseaban junto al kiosco de la música.

Ronca la voz de clamar en desierto, compareció el maestro Elías en el mismo punto que Encarna. Sólo la rumoreada intervención militar podía enderezar una causa que Elías estimaba perdida.

Acabada la misa, salió a formar la tropa. Con propósito diferente, Encarna y Elías asediaron a Román.

Éste, lacónico, les remitió a la pradera, donde calculaba llegar con sus huestes en breve.

Después, Román montó a caballo y se enderezó el ros. Y cuando las trompetas iniciaron el pasacalle de Chueca, lanzó para su capote el grito de insurrección que, según aprendió de su mando natural, el lugarteniente Cosme, esperaba trastornase el mundo.

Con la pompa y el aparato que le proporcionaban las notas de la célebre marcha, merodeó Román por el primer cuartel que había previsto amotinarse. Por tres veces gritó la consigna rebelde. Como nadie le respondió, dedujo que le habían tomado la delantera en el pronunciamiento y, temiendo ser pospuesto en el reparto de recompensas, aceleró el paso con sus hombres.

La entrada era franca en el segundo cuartel y meridianas las intenciones subversivas de los que lo habitaban: los soldados comían el rancho y una cola de pobres aguardaba las sobras a las afueras.

Con la moral intacta, continuó el heroico avance del grupo sublevado y ya en el tercer cuartel de los cinco comprometidos, el centinela les notificó que sus compañeros estaban de maniobras. Percatándose de la metáfora, Román se obstinó en alcanzarlos. Pero en el cuarto establecimiento militar, inopinada descarga de los allí pertrechados, diezmó a su tropa.

Se hallaba Román en aquel paraje donde, tiempo atrás, su madre le disuadió de enrolarse en la locura del lugarteniente Cosme. Sin vacilaciones sentimentales, Román y sus soldados huyeron velozmente hacia el quinto cuartel rebelde, situado entre la plaza del obelisco a Lucio y el zaguán de la fundación.

Era su propio cuartel, pero tenía cerradas las puertas y Román se aburrió de llamar a rebato. Giró para arengar a los suyos. Sólo le acompañaban doce.

—Mar-chen —instó cansino, sin formular discurso alguno. Y con los mosquetones a la funerala llegaron al patíbulo y aguardaron la vuelta de Fabián con instrucciones de Gonzalo.

—Nada de horcas —informó Fabián a Román, creyendo a éste de su parte—. Se les pasará por las armas.

—A sus órdenes —expresó Román cuadrándose ante

su superior jerárquico, conforme prescriben los reglamentos de la milicia.

Tranquilizada Encarna por el buen sentido de su hijo, le vio vendar los ojos de los periodistas de «Luz de Progreso» mientras los soldados se aprestaban a fusilar a los que habían ido a salvar de la muerte.

Elías se echó a llorar de rabia al oír la voz de fuego que apagaba la existencia revolucionaria de su ídolo Andrés Niporesas. Y siempre se remitía a una instantánea del fotógrafo Emmanuel, que captó la escena sin su hijita, cuando alguien le pedía que contase aquel inicuo escarmiento.

Un silencio helado acogió los diez tiros de gracia. El viento trajo desde el templete de la banda municipal las notas del pasacalle de Chueca y los aplausos de las familias burguesas. Más tarde, pudo distinguirse el griterío de dos grupos que afluían a la plaza del obelisco a Lucio en manifestación encontrada: Sagrario encabezaba el primero con el pendón de Rosarito y, en vanguardia del segundo, Nieves ondeaba la bandera de la libertad, recién bordada por su mano.

JOTA

1

Cuando Venancio regresó de su gira artística por América, se le reveló la escena final de su zarzuela romántica que Sagrario y Nieves interpretan aún con sorprendente patetismo en la residencia de actores ancianos: a la puerta de su casa, en la plaza del obelisco a Lucio, dos grupos se enfrentaban esgrimiendo las banderas de la Fe y del Progreso.

Venancio desfiló entre los bandos rivales, franqueó la sede de «Alfadario» y subió al piso familiar. En el comedor, la flaca Emeteria, todavía una niña, le presentó a sus hijas gemelas. Venancio abrazó y besó a las nacidas en su ausencia y desplegó un arsenal de juguetes. Embebido en las crías, no advirtió los esfuerzos de su mujer por controlar sus nervios: en el intervalo, había muerto el padre de Venancio y la flaca Emeteria no sabía cómo decírselo.

Entraron en la habitación los suegros del compositor. Emeterio le saludó con la respetuosa finura que dispensaba a los artistas. Ella, con mayor distanciamiento y retintín, pues Venancio era un advenedizo en su círculo social. Esparciendo aroma a lilas, venía con ellos el nuevo periodista de «Alfadario», Andrenio Corrales, que se puso a charlar animadamente con Emeteria mientras rizaba sus largos bigotes de galanteador audaz.

Formada tertulia con el chocolate y los picatostes sobre la mesa camilla, los parientes de Venancio orientaron la conversación a los sucesos coloniales para demorar comunicarle el fallecimiento de su padre. Pero Venancio, asqueado de la sangrienta aventura vivida en hospitales y campos de batalla americanos, sólo se interesaba por lo que había ocurrido en su tierra. Después de lo que vio fuera, no existía, en su opinión, mejor lugar que éste. Y para corroborar sus palabras, reemplazó el habano que le ofrecía su suegro por otra taza de soconusco.

Aprovechando la predisposición castiza de Venancio, Andrenio Corrales le propuso un libreto costumbrista. Asintió Venancio complacido y ya perfilaban las primeras escenas de la zarzuela cuando arreció el tumulto callejero.

Todos se asomaron al balcón desde donde el poeta Andrés había volado en socorro de la marquesa tras el atentado del mosén. Procedentes del Teatro de la Cruz, los Joteros de Amposta desembocaban en la plaza del obelisco a hombros de espectadores entusiastas, repitiendo el número de los repatriados de la contienda ultramarina que acababan de representar en el escenario. Vestidos de traje regional, con cachirulo y faja, los cantantes incitaban a deponer sus rencores a las facciones del oscurantismo y las Luces; aunque las ideas les dividieran, unos y otros pertenecían al mismo terruño cuyos benditos parajes tanto evocaron estos soldados durante su larga separación de la metrópoli.

Abandonando la reunión familiar, se unió Venancio a los que participaban de aquel sentimiento afín y entonó a pleno pulmón las estrofas de los repatriados aragoneses. En una esquina distinguió al violinista Asenjo, que presenciaba silencioso la manifestación. Venancio le invitó a sumarse al fervor patriótico. Pero el mozo no tenía cuerpo de jota desde que la destrucción del Café del Vapor le privó de empleo y de las posibilidades de trabajar, ya que su violín fue destrozado en la refriega.

Menos eufórico tras el relato de Asenjo, Venancio prometió hablar con Benavides para que colocara al violinista en la orquesta del Teatro de la Cruz. Preguntó luego si Chueca había corrido idéntica suerte aciaga. Asenjo aclaró que triunfaba como sainetero pese a los problemas que le planteó su amistad con Andrés Niporesas. Venancio, curioso, recabó los motivos y así se enteró de la ejecución de Andrés y de los revolucionarios de «Luz de Progreso».

La muerte del libretista de «Hurgar con ruego» anonadó a Venancio tanto como la desaparición del local donde transcurrió su juventud bohemia. Convencido de seguir sufriendo en su país la pesadilla americana, se despidió de su informador. El mundo que anhelaba encontrar cuando desembarcó, era pasto de la barbarie y únicamente la nostalgia ayudaría a resucitarlo.

Confirmando sus impresiones, una panda de gacetilleros, con los ojos desorbitados y el ejemplar de «Alfadario» al viento como banderín de enganche, invadían la plaza del obelisco a Lucio pregonando a la atónita concurrencia baturra que, en virtud de una derrota militar en las posesiones ultramarinas, el extenso imperio colonial donde jamás se ocultaba el sol, quedaba reducido a las modestas dimensiones de una fundación para jubilados.

2

ENTRE esos gacetilleros figura el hijo del lugarteniente Cosme y la rubia costurera Nieves. En la zarzuela que escriben Venancio y Andrenio Corrales se llama Manuel, tiene diez años y, al levantarse el telón, viene corriendo con la noticia en la punta de la lengua desde la pradera donde vende barquillos.

Manuel atraviesa el zaguán como una exhalación, hasta el punto de recordarle a la portera Encarna al tío de la lista de la lotería. Y en el patio de la fundación de los marqueses de***, proclama desembarazándose de la barquillera:

—Ya llegan los quintos.

Encarna, que tiene combatiendo a su segundo hijo, Perico, le atosiga ansiosa:

—¿Dónde les viste?

De los antiguos soportales del patio, ahora convertidos en tiendas, asoman intrigados el barbero Amós y el memorialista Elías. Éste, con ademán de tribuno radical, denuncia señalando el edificio de palacio:

—Ellos son los culpables. Los explotadores del pueblo.

Días antes de producirse el desastre que recoge la historia de España —comenta Elías desde el proscenio—, Lucio se encerró a cal y canto en su gabinete. Arruinado con la emancipación de la colonia que alimentaba su fortuna, no quiso admitir la espada que Fabián le rindió al conocerse la derrota, ni el estandarte de Rosarito, que se apresuró a llevar Sagrario, ni la fornicadora andaluza, oportunamente traída por Benavides desde la aldea de hermosos caballos en sustitución de la mulata antillana.

Sin compartir su aflicción con el perrazo sonámbulo, que apuró todos los granos de uva que colgaban de sus dedos, ni desahogar su tristeza al piano, sobre el que fabricó telas de araña el desuso, Lucio anotaba en' el mapa de la fundación las mermas y transformaciones que el acontecimiento provocaba en sus dominios metropolitanos, mientras sus asesores velaban el dolor de su jefe en el aposento contiguo.

—Se quedó sin pulso —rubrica Elías con frase prestada para describir la desolación del prócer.

Aquella tarde, la marquesa volvió hambrienta del paseo. Desmontó de la jaca alazana y trepó como una liebre por la escalera de mármol del vestíbulo reclamando la merienda. No se enteró de la catástrofe hasta que se personó en la cocina y halló a la servidumbre capitaneada por Sagrario rezando a la Abogada de los Imposibles. Muerto Niporesas y alejado Melchor, se dirigió la marquesa al cuartel de las caballerizas a consolarse con Fabián. Pero quien no venció en el campo de combate, tampoco tuvo fuerzas para ganar batallas amorosas.

Sonaron a difunto las campanas del convento de las Arrepentidas manejadas por el sacristán Amós. Desde el lecho del que sólo se despegaba para beber agua y hacer sus necesidades, oyó Lucio el fúnebre redoble mientras repasaba con melancolía las viviendas particulares, edificios públicos y monumentos debidos a su iniciativa. Eran las campanadas que en aquel tiempo de esplendor le azuzaban a perforar de madrugada las soberbias nalgas de la mulata. Anhelando esa ondulación de habanera con que respondía a sus penetraciones —y de las que se privó en rencorosa ascesis patriótica desde que los antillanos declararon las hostilidades a la metrópoli—, decidió traspasar el círculo misántropo en que se reconcomía, buscando antes perpetuar la nostalgia que asumir la situación de independencia.

Persiguiendo ese perfume a brea, galopó por las apagadas estancias dieciochescas sin toparse con nadie y en el gran salón luminoso se detuvo desconcertado: en vez de encontrar a la mulata —presentada en ese instante a los periodistas por el político Facundo como testimonio de que no todos los hermanos de la colonia renegaban de quien les civilizó—, vio a su madre mojando picatostes en el chocolate para levantar los ánimos que le había quitado el incapaz de Fabián.

No tan agotado como el barquillero Manuel cuando pretendió emular al griego de la maratón, Lucio se sepultó en un sofá. Sorbiendo la esencia de una copa de oloroso, demandó autorización a la marquesa para resignar en el banquero Gonzalo la liquidación del patrimonio nobiliario. Exigió también un anticipo para sus gastos a cuenta de las presumibles enajenaciones de solares. Y tras encarecer se respetaran las señales públicas de su ingente obra, tomó esa misma noche el tren hacia el extranjero, tan desnudo de equipaje como los hijos de la mar.

3

A LA mañana siguiente, el consejo de asesores se reunió en el salón luminoso para decidir la suerte de las propiedades personales de Lucio. Ladraba desvelado el perrazo y el piano exhalaba ventosidades hurañas. Con buen criterio se determinó que pasara el animal a jurisdicción de la marquesa y, el piano, al desván.

Más arduo resultó fijar el porvenir de la mulata, que se acicalaba con ilusión de novia en una salita aneja. Repuesta con la tregua fornicadora de la fenomenal dilatación de tejidos que le causaron las indagaciones de su dueño, varios pretendientes se la disputaban.

El periodista Emeterio quería confiarle el cuidado de sus nietas gemelas, que salían a su padre en la afición a las golosinas. El sagaz espeleólogo de escotes Benavides la reclamaba para atracción de sus espectáculos sicalípticos en el Teatro de la Cruz. El banquero Gonzalo, como sucesor del dimisionario, exigía mantenerla a su vera. Con agudo olfato político, Facundo se opuso a los intereses de sus compañeros y aconsejó depositar a la mulata en la Inclusa para que, como ama de leche, criara a los hijos de la Madre Patria.

Acató el cónclave una proposición tan altruista y didáctica. Su veredicto se propagó al exterior de palacio, donde un cordón de Joteros en permanente y trémula vigilia, prorrumpió al conocer el dictamen en tan dulce son que sólo los sacamantecas lo escucharían sin estremecerse. Al ritmo de esa copla, la mulata y Facundo se introdujeron en la calesa que les aguardaba. Cercana, una charanga callejera amenizaba el retorno de los primeros soldados repatriados.

Esta combinación de elementos emotivos y la concurrencia de público avizor —sugiere el memorialista— impulsó a Facundo a la oratoria. Y como se equivocaba si no follaba, empleó con la mulata el procedimiento acostumbrado con Dolores para que su discurso manara con fluidez.

Deslizaba el político los pantalones por sus piernas y las cortinas por la ventanilla del carruaje cuando el banquero Gonzalo se aproximó a la calesa con los brazos en alto. En una mano enarbolaba una pulsera de pedida y, en la otra, el certificado de soltería de la mulata. Reafirmaba así sus intenciones de casarse con la sierva de Lucio mientras denostaba con energía la torpe argucia del político para trajinarse a esa mujer, pues malamente habría de destilar leche por sus negras tetas si no concibió descendencia ni la esperaba.

Encorajinado con el político trapisondista que despreciaba sus sensatas argumentaciones, el banquero Gonzalo forcejeó en la puerta del vehículo para obtener por las bravas lo que no conseguía razonando. Mas no logró acceder a su interior porque una de las piernas de Facundo, libre del amoroso enredo, le golpeó en sus enamoradas partes. Hondamente impresionado se desplomó el banquero mientras su agresor adquiría la locuacidad precisa para justificar las relaciones de vasallaje.

Atropelló el coche a Gonzalo y Facundo a la mujer de nalgas soberbias. Atronó la banda y vitoreó el gentío. Mas cuando muchedumbre y político alcanzaban la compenetración ansiada, se desmandó la carne cimarrona. Inexorable con su destino histórico, brotó en el cuerpo sodomizado de la mulata ese instinto de rebeldía que condujo a la independencia a sus compatriotas, y dejando inopinadamente con el pito al aire y con la palabra en la boca al que le daba por culo, se perdió entre las calles de la metrópoli con aquellos repatriados que, renegando del honroso uniforme y de la sagrada bandera, optaron por cicatrizar en la enemiga sus heridas bélicas.

Dolores rescataría a su compañero en un simón desvencijado cuando balbucía habaneras invocando a la mulata. Celosa del morbo antillano, Dolores probó raros métodos para recuperar su influencia: se le apareció desnuda a la luz de la luna, adornándose con claveles reventones sus zonas pudendas; ensayó estímulos homeopáticos usurpando el ondular de boa y el dengue dulzón de la rival; le colocó anillos revitalizadores en el prepucio, según receta de París; extendió sobre el lecho conyugal el manto de la Paloma... Pero desesperada al fin de que ni la ciencia foránea ni la religión indígena aliviasen el desfallecimiento de su cónyuge, avisó al médico de poblados bigotes quien, con su perspicaz ojo clínico, prestó menos importancia a la sífilis de Facundo que a la anemia seminal de Dolores.

4

EL AFAMADO galeno dejó huella imborrable en el corazón de Dolores y un remedio antivenéreo para Facundo. Concluida la narración de Elías, Amós entra a prepararlo en su establecimiento. Urge dispensarlo y como Dolores no quiere separarse de la cabecera del enfermo, Sagrario lo llevará a la vivienda del político, ya que le pilla de camino hacia el convento de las Arrepentidas.

Corrido el telón que oculta la casa de vecindad, vemos a Sagrario en primer término, portando el medicamento como si se tratase del viático. Encaramada al tranvía de la avenida, una estampa familiar le sobresalta junto al monumento a Lucio: confundido con los repatriados, divisa al mosén, infinitamente envejecido por las privaciones de su exilio en ultramar de capellán castrense. Pronunciando su nombre con el corazón en un puño, Sagrario se apea en marcha del vehículo e implora de rodillas la bendición del cura.

Sin reparar en su ama de llaves ni entender lo que solicita ya que los años hacen mella en sus sentidos, intuye el mosén que se le ofrece como obsequio por su retorno al hogar patrio el envoltorio que la anónima peregrina eleva en sus brazos. Apropiándose del paquete, lo sopesa con calma y comenta a un soldadito que lo destinará a San Antonio, pues por sus dimensiones y grosor parece Pan de los Pobres.

Cuando Sagrario abre los ojos a la claridad solar después de caerse del tranvía, cree oír al mosén que sólo arraiga la fe en los cegados a la evidencia. Con esa máxima para su meditación nocturna, aunque sin la bendición suplicada, se incorpora ayudada por los transeúntes. Pero no se lo consiente el manso sacerdote de antes que, volviendo de sus pasos, se desliza entre el samaritano grupo que rodea a Sagrario y bautiza colérico a la beata con el paquete de permanganato que, ignorante de su contenido, le había aceptado como regalo de bienvenida.

Próxima a la purificación de Sagrario está la portera Encarna. Pero, ocupada en distinguir a su hijo entre los soldados que regresan, no auxilia a su vecina. Más muerta que viva, Encarna ha observado que un muchacho se dirige hacia ella bailando sobre unas muletas, con la pierna izquierda cercenada a la altura del muslo.

Incrédula de que Perico reaparezca mutilado cuando le despidió entero y más inquieta por la fatigada sonrisa con que el hijo aspira a tranquilizarla, siente la marca inequívoca de su cuerpo doncel en el tímido beso del que pide perdón por su travesura. Súbitamente oprimida por la revelación trágica, Encarna asume una responsabilidad maternal que nunca delegó y, nublada de coraje, se adosa el mutilado a la cadera como si fuese un fardo, mientras el barquillero Manuel se hace cargo de la apestada Sagrario.

Cuando Encarna llega al zaguán de la fundación —visible de nuevo al espectador—, vocea a su primogénito. Dentro de la portería, Román llora la muerte de su superior jerárquico, el militar Fabián, que se ha suicidado tras su íntimo desastre con la marquesa retozona. Al oír a su madre, Román se asoma a la ventana bañado en llanto. Cree Encarna que esas lágrimas acusan la tragedia de Perico y le satisface que sus hijos se estimen, ya que daría su vida por ellos. Pero al percatarse del panorama familiar, Román se traga su aflicción, comparece en el zaguán y, con rostro severo, escruta a su hermano. Con tal ferocidad le revisa que automáticamente Perico se engalla, firmes.

—Tuviste potra —sentencia al fin Román—. Otros, ni lo cuentan.

Seguidamente le invita a relajarse, le llama rácano y, en su condición de cabo, dispone:

—A partir de mañana, rebajado de instrucción.

Sus palabras coinciden con la entrada de Sagrario. Aferrada a su lazarillo, es la estampa de la humillación. Encarna, espantada del inexplicable comportamiento de los suyos, juzga víctima a Sagrario de una broma tan pesada como la que ella sufre y conmovida le advierte que no espere recompensa de los repatriados.

5

LLORANDO queda Encarna iluminada por un foco que sepulta en tinieblas el escenario. Desde que volvió Perico —informa—, desapareció la concordia en su hogar. Román no le habla, atento en descubrir sobre el mapa de América la responsabilidad de su hermano en la derrota militar; y el mutilado marcha cada mañana hasta la plaza del obelisco donde sus compañeros de armas ya licenciados solicitan concurso del memorialista Elías para suplicar trabajo.

Harta de esconderse en los rincones de la casa para desahogar su tristeza —porque Román no tolera sensiblerías familiares cuando la Patria naufraga y Perico reprocha a su madre que no aprecie en lo que vale su muñón de héroe—, Encarna adopta una decisión arriesgada: aprovechará la rendición mensual de los alquileres de la fundación, que ella administra, para pedir consejo a la marquesa.

Desde que malvendió palacio por falta de recursos para sostenerlo, vive la marquesa en un hotel de las afueras de la ciudad. El espectador la contempla sentada en un despachito provisional. En el suelo, sin colgar aún de las paredes, se apilan los retratos de Mogascio y, en grandes cajas de cartón, las fotografías de estudio de Emmanuel. Unos criados abrillantan consolas, enceran el pavimento o montan cortinajes.

Cuando entra Encarna en escena, Rosa termina de peinar a la marquesa y de exponer sus cuitas de viuda joven: tras el bárbaro asesinato de su marido, el policía Celestino, no se queja de problemas económicos sino de cariño permanente.

Suspirando por la ausencia de un varón en su vida, parte Rosa a peinar otras cabezas de la aristocracia. Solas ya la marquesa y Encarna, mientras aquélla recita los nombres de los inquilinos, la portera deposita el dinero correspondiente sobre una mesa. Concluida la lista, la marquesa guarda las monedas en una arqueta. Encarna le manifiesta entonces que, de no obtener pronto la pensión de mutilado de Perico, fallará en los pagos.

Por el rostro picado de viruelas de la marquesa relampaguea la contrariedad: únicamente retiene de sus extensas posesiones esa casa de vecinos cargada de historia por haberla destinado en principio a fundación filantrópica. Ningún interés personal le mueve a conservarla sino la obligación con su servidumbre. La recaudación de los alquileres se invierte íntegramente en salario de los criados, por lo que si Encarna retrasa sus aportaciones, perjudicará a los más débiles.

La marquesa considera justa la reivindicación de Encarna. Pero inevitablemente, compara su conducta con la de muy encopetados personajes que, en vez de crearle problemas, se desviven por ayudarla en estos momentos difíciles: entra gratis en el teatro de Benavides, la esposa de Emeterio le lee «Alfadario» de cabo a rabo y hasta el pobre mosén hace rogativas a la Abogada de los Imposibles para que Lucio regrese.

—¿Te atreverás a ser distinta? —emplaza de sopetón a Encarna.

Ya en la puerta de la calle, añade que el banquero Gonzalo ha prometido adquirir la cuadra de caballos del marquesado en cuanto se reponga de una dolencia en los testículos. Con la suma en su poder, la marquesa reanudará sus tradicionales obras de caridad y no olvida que Perico figura entre los necesitados.

Arrepentida de su desplante, Encarna besa las manos a la marquesa. Ésta le reconviene con dulzura: basta una limosna para remediar la desgracia de Perico; la de Lucio, en cambio, carece de arreglo.

—No sólo se perdió en Cuba la pierna de tu hijo —subraya—. Infinitamente peor es el daño moral.

Conmovida por la grandeza de espíritu de la marquesa camina Encarna hacia el tranvía cuando se cruza con un jinete. Aunque alterada por la emocionante entrevista, le parece identificar al anciano marqués, de retorno también con los repatriados de ultramar, que después de aventar la tierra bajo los cascos de su caballo, se postra a los pies de su mujer en demanda de amnistía por esos antecedentes democráticos que le llevaron al exilio. Supone Encarna que no se levantará del suelo hasta recibir el indulto. Tendrán, en efecto, que auparle los criados —acota Andrenio Corrales— porque del batacazo que le infirió el caballo al desplomarse reventado por el frenético aguijoneo de las espuelas, el marqués no puede valerse.

Maldice la marquesa el sacrificio de un ejemplar de su ganadería equina que disminuye la rentabilidad de la compraventa proyectada con Gonzalo. Y cavilando en una ocupación para el manirroto de su marido —indudablemente borracho por la peste que desprende—, se le ocurre encomendarle el cobro de los alquileres de la fundación. Así se le bajarán los humos a la insolente portera.

Encarna, entre tanto, ajena a los designios de su señora, bendice su bondad. Y cuando llega a casa, entrega a Perico la sisa devengada de los alquileres.

6

HA CAÍDO la noche cuando Perico termina de contar las monedas sisadas por su madre. Desde el centro del patio vacío, lanza un silbido largo y otro corto.

—No hay bastante dinero —confiesa a Manuel que ha comparecido a la llamada con su rapidez característica.

El hijo del lugarteniente Cosme y de la rubia costurera Nieves vendía menos barquillos en época de calor. Viendo sin oficio ni beneficio a Perico en la plaza del obelisco a Lucio, le había propuesto que oficiara de aguador junto a él para aumentar la clientela. Al complementarse ambos servicios, pensaba Manuel que doblarían los ingresos que no obtendrían por separado.

Para hacerse con los útiles de aguador, Manuel sugirió a Perico que empeñara el uniforme militar en el Monte de Piedad.

—Ni las gracias dan por él —contestó Perico apesadumbrado.

—¿Está en buen uso?

—Requetesobao.

Manuel sabía que su futuro socio, aunque diez años mayor que él, carecía de arranque para proyectos de esta envergadura. No cejó por ello de persuadirle. Mas cuando le tenía convencido, Encarna se opuso.

—Si se entera tu hermano —dramatizó la portera—, tenemos la de Dios es Cristo.

Encarna sospechaba que Román acabaría aceptando la venta ambulante de Perico porque a la familia no le sobraban los duros. Pero como no iba a transigir con el empréstito del uniforme, se ofreció a conseguir la cantidad necesaria sisando de los alquileres.

—Vende el uniforme a tu hermano —propone Manuel cuando Perico le informa de que no es suficiente la suma aportada por su madre.

—Tú no tienes principios.

Perico se ahoga en un pañuelo. Pero Manuel, que sacaría dinero de las piedras, acude con la idea redentora:

—Vamos a entretener a la madrina.

Con buena voz y mejor memoria, Manuel atrae parroquianos tarareando los números más populares de las zarzuelas de moda. Interpreta con especial sentimiento —aunque ignora su vinculación con esa historia— la romanza del lugarteniente Cosme que su madre le cantaba en la cuna, mientras bordaba mantelitos para las monjas de las Arrepentidas.

Sagrario proporcionó esta ocupación a Nieves para que Manuel se criara sin agobios económicos. Había volcado su pasión de madre defraudada en ese golfillo caradura del que fue madrina en la pila bautismal.

Tras el humillante baño de permanganato a manos —precisamente— del mosén, Sagrario no sale de casa por temor a las chirigotas de los vecinos. Muy contenta de que su ahijado la recuerde, anticipa gustosa la perra gorda que Perico y Manuel le han solicitado como condición para distraerla.

En el centro del patio, al ritmo del pasodoble que toca la orquesta del foso y ante la curiosidad de los inquilinos, que se asoman al corredor a presenciar el espectáculo, Perico y Manuel representan la escena de una epopeya que Sagrario, afectadísima por lo que se narra, sigue conmovida.

Haciéndose eco de lo que rumoreaban las vecinas, Sagrario había atribuido al memorialista Elías la paternidad de Manuel. Después de oírle a éste la romanza del lugarteniente Cosme, intuye que el asesino de su hija es el padre de su ahijado. Sorbiéndose las lágrimas corre adonde se encuentra Nieves y, sin mediar explicación, agarra a la costurera del moño. Pelean ambas hasta que intervienen los vecinos. Y antes que el telón del primer acto aísle a los espectadores de los personajes del sainete, Sagrario anuncia a Nieves que no volverá a encargarle bordados porque es criterio de su santa hija Rosarito no emplear a pecadoras en asuntos de iglesia.

7

PARA el primer cuadro del segundo acto, Andrenio Corrales ha convertido en parque público esa plaza que contempla desde su despacho de «Alfadario». Esbeltos árboles ocupan el espacio de las viviendas y en el sitio del obelisco a Lucio se levanta una estatua al héroe de la guerra colonial.

Luce el sol en la mañana de primavera avanzada. En torno al monumento, Manuel, con su barquillera, y Perico, con el recipiente de agua y la vasera, ofrecen sus servicios a la clientela de niñeras, criadas, soldaditos y currutacos, todos ellos personajes de época, habituales en las zarzuelas de Venancio.

Perico viste su uniforme de repatriado y Manuel canturrea, sin música de la orquesta del foso, números populares de zarzuela. Contra las previsiones de Manuel, la sociedad del barquillero y del aguador no es rentable: no han ampliado sustancialmente el abanico de parroquianos y los compradores fijos remolonean.

Los niños del parque juegan alrededor de la estatua o pintan letreros en el pedestal que dice: «De la Patria agradecida, al soldadito pinturero». Por las inmediaciones suele pasear Facundo del brazo de su coima. El político, al que la nostalgia imperial proporciona un continuado temblor corporal, lleva tiempo aprendiéndose el discurso de inauguración del monumento.

En un banco cercano, Sagrario anuncia a su cegato compañero, mosén castrense, la inminente llegada de Lucio a su Patria. Viene de París en un Hispano-Suiza conducido por Melchor. Por todo equipaje, Lucio transporta cofrecitos similares a la arqueta que su madre utiliza para guardar el dinero de los alquileres. En ellos, Lucio conserva tierras de sus antiguos dominios y no los restos del ahorcado Blas o de los periodistas de «Luz de Progreso», como maliciosamente insinúa el barquillero al aguador mutilado.

Corroborando el presentimiento de Sagrario, sobre los gritos infantiles y el alboroto de aves en los árboles frondosos, termina imponiéndose un extraño runrunec que recuerda trepidar de motores. La atención de todos se ciñe al punto de procedencia del sonido, progresivamente intenso.

Prestamente Facundo se interna en la floresta a sorber del boca a boca de Dolores inspiración para su discurso. No le cabe duda al político: Lucio se propone inaugurar la estatua al soldado desconocido. La pareja sorprende al banquero Gonzalo masturbándose con uno de los billetes de curso legal que perpetúan la imagen de la mulata. El enamorado está recriminando a la independizada la afrenta testicular que padeció por pretenderla y esa gira sicalíptica que le ha organizado por los teatros del Norte el empresario Benavides con el dinerazo que ganó jugando a la ruleta en el casino.

El disparatado tránsito de la máquina automóvil, alzando polvareda formidable, congela para la posteridad las endechas del banquero, el improvisado ademán oratorio del político, el rodar del aro, el arqueo de la comba, la inquisitiva silueta de la institutriz francesa, el giro de la barquillera multicolor y la sonrisa galante de la criada al soldadito que la requiebra con inimitable lengua mientras sostiene, oferente, dos vasos de agua anisada.

La fugaz aparición ha impedido apreciar ese velo de tristeza que, como asegura la leyenda, ensombrece al dueño del vehículo desde que se arruinó.

Dos amazonas en lindas monturas vienen comentando que para mantener el costoso automóvil habrá que subir la contribución de los vecinos de la fundación. Junto al tenderete del barquillero y del aguador descabalgan. La esposa del director de «Alfadario» pide agua con azucarillo, que remueve en el líquido elevando el dedo meñique de la mano que agarra la cucharilla. La marquesa sorbe su consumición paladeándola, con petulancia de entendida.

Perico, siguiendo la recomendación de su madre, no cobra a la marquesa. Se limita a preguntar cuándo recibirá la pensión de ex combatiente. La marquesa, chistosa, le espeta lo que decía aquél:

—Consuélate, barbián, que más se perdió en Cuba y volvisteis cantando.

8

Y CON gran desdén de caderas se encaraman a los caballos y reanudan el paseo que el médico bigotudo prescribe para una vida centenaria. Facundo se inclina al paso de las damas, controlando sus convulsiones. Al incorporarse recuerda que la mulata se encuentra por el norte. Instantáneamente tembloroso, propone a Dolores veranear en Cestona.

—Mi madrina tiene sífilis —comenta el barquillero cuando Sagrario y el mosén salen del parque.

En este punto, Andrenio Corrales levantó la pluma del papel, meditando en la contestación de Perico. «Se columpió», pensó. Era réplica castiza, mas no propia de un cojo. Atusándose los empinados mostachos, subió a las habitaciones de su patrón. La mujer de Venancio cambiaba el pañal de una de sus hijas. Andrenio cerró la puerta y se colocó a su lado, respirando fuerte.

—Deme alguna esperanza —susurró.

—No me ponga a prueba —replicó Emeteria mientras enfajaba a la niña.

Andrenio restregó su abdomen en el costado de Emeteria.

—Eres demasiada mujer para un viejo.

Emeteria se zafó del apretujón, apartó de su cuerpo las manos del hombre y, amparando a la niña en su pecho, abandonó presurosa el cuarto. Andrenio volvió al suyo, secretamente complacido y, sentándose frente a las cuartillas, amplió la revelación del barquillero.

—El mosén la cura con permanganato por las noches.

Una marcha ratonera con zumbar de tambores y platillos alborota a los niños del parque:

—¡El desfile! ¡El desfile!

A la izquierda del espectador aparece un pelotón de reclutas al mando de un cabo. Los soldados regresan de la instrucción y vienen con ellos las lavanderas del río.

—¡Mi hermano! ¡Estoy perdido! —dice Perico.

Con voz imponente, el cabo ordena alto a la tropa y se encara con los vendedores.

—Esto es zona de maniobras —informa.

Manuel acata la decisión y recoge la barquillera. Pero el aguador se mezcla con los soldados ofreciendo su mercancía. Román, furioso con la actitud de su hermano, prohíbe beber a sus subordinados y advierte que castigará a quien hable con Perico.

—Los mutilados, a la reserva —sentencia, mirando fijamente al aguador.

Perico, al oírle, se cuadra y exclama jacarandoso:

—Así nos protege el Ejército.

Y el coro de lavanderas, apoyándose en la cintura el cesto de ropa, rubrica:

—¡Olé!

Envalentonado por el apoyo civil a su socio, se arranca el barquillero con la romanza del lugarteniente Cosme. El cabo pierde los estribos:

—No me hables de tu padre, muerto de hambre.

Suena nuevamente la marcha y los soldados inician el desfile ante el barquillero y el repatriado que lloran, abrazados, culpas ajenas.

La tropa atravesará la ciudad despertando la expectación de las vecinas, la amonestación de los perros callejeros y el crítico examen de los que pelearon al otro lado del mar para encontrarse a la vuelta desahuciados.

Ya sin testigos en el parque, los vendedores emprenden el regreso. Con furia tardía, el barquillero Manuel alardea:

—Tu hermano no me llama mal nacido.

Perico pasa una mano por su hombro:

—¿Sabes lo que dicen las gentes de los que somos súbditos de la marquesa?

El barquillero es demasiado joven para conocer leyendas surgidas cuando los moros.

—Que somos hijos de su caballo.

9

A TELÓN caído, prosigue la orquesta con la marcha militar. Y cuando se muestre al espectador el escenario del cuadro segundo —el patio de la fundación que sirvió de marco al acto primero—, observamos a la portera en el zaguán, perspicaz ante la llegada de los que con tanto bombo se acompañan.

Intrigadas también por el son bullanguero, que aumenta paulatinamente de volumen para indicar al público la presencia inminente de los que lo promueven, las modistillas abandonan el taller de costura y se acodan en los balcones del corredor. Las madres recogen a sus hijos, los tenderos echan el cierre a sus establecimientos y los taberneros retiran bancas y mesas.

Penetra primero en el barrio la charanga que, tras una vuelta completa al rectángulo, se sitúa en una esquina y a continuación desfilan las rondas de los barrios. Desde su garita va presentando la portera a los diferentes grupos. Si no les conoce por el nombre de pila, les designa por el gentilicio. A todos les anuncia con un «Viva» que antecede a su correspondiente apelativo.

Y las costureras y modistillas, los matrimonios de jubilados, los dueños y dependientes de los comercios y las madres con sus hijos, lactantes o ya criados, corean la propuesta de Encarna con tal estruendo que apagan momentáneamente la chundarata de metal y tambores.

En retaguardia aparecen el barquillero y el aguador. La portera engloba en ellos al conjunto de los que ocupan el escenario con un magnífico exhorto:

—¡Viva el pueblo soberano!

Esta apelación emotiva desata el retenido comedimiento de los que son ensalzados. Impulsan al cielo sus gorras de visera los varones castizos, remeten el mantón de Manila sobre su busto cincelado las hembras de rompe y rasga, chulos y chulas subrayan con severo taconazo el pronunciamiento y acallando por ímpetu y redaños a la banda inmolan, a la hora estelar de mediodía, el cántico jubiloso que Andrenio Corrales escribió inspiradísimo la noche de autos después de gozar a la mujer de Venancio, letra traspasada de la sal gatuna y brava de la diosa bovary de los madriles, la flaca Emeteria, cuando enroscada a la panza de su adúltero romance, toda ella nervio y corazón le prometía, en el generoso desvarío del placer sexual, peregrinar agarradita a su brazo desde la Puerta del Sol hasta la China-ná.

—¡Lea, maestro! —conminó Andrenio a Venancio cuando éste volvió de hacer bolos por provincias.

Venancio se entusiasmó con el canto del coro en el patio de vecindad.

—Le nombro mi colaborador perpetuo.

—Con usted, maestro, comparto yo hasta la musa —declaró esponjado el audaz galanteador Andrenio Corrales.

—Sólo una sugerencia, amigo —añadió Venancio—. Recuerde que el marqués interviene, pero Dora, no.

Desde que regresó de América con la compañía de Venancio, Dora dejó de interpretar zarzuela para bailar cuplés. Pero el marqués —entonces exiliado— lo ignora cuando aterriza en el patio con el borroso retrato de su adorada. Exhibe la estampa a las modistillas que cosen sentadas en grupo, y éstas le orientan a la vivienda de Rosa, presumiéndole convocado por la viuda tarasca para echar un polvo. El marqués llega al primer piso y llama en una puerta abierta. Queda a la escucha de la despreocupada que le invita a entrar. Pero él, corazón palpitante, decide aguardar fuera bailando la jota, ante la carcajada de las modistillas que se preguntan impostando la voz, a fin de que la aludida se percate, si será el tío de América el que viene a visitarla.

10

CUANDO Nieves —que vive al lado de Rosa— se asoma a la puerta a ver quién llamaba, hay dos hombres abrazados en el corredor. Supone que los niños de la casa están de broma y cierra malhumorada. Pero apenas dio unos pasos cuando se reanudan los golpes. Al abrir, contempla a un desconocido con más años que Matusalén, con la mano izquierda airosamente levantada y la pierna derecha en tímida flexión, que la invita a bailar jota aragonesa. Detrás, el tendero Amós, hombre sensible, enjuga con un pañuelo las lágrimas que no ha podido reprimir al encontrar a su amigo el marqués, al cabo de tan larga ausencia.

Espantada con el estafermo que se balancea sobre un pie, más le sobrecoge recibir un formidable estornudo del bailarín. Vomitando injurias se retira la mujer a secarse mientras el tendero suena maternalmente los mocos al anciano. Torna a llamar éste y Nieves amenaza con agarrar la escoba. El tendero tremola el pañuelo en son de paz y las modistillas vislumbran un desenlace divertido a la querella porque el marqués, más tozudo que un maño, insiste en modular aires baturros junto al domicilio de Nieves. Y cuando ésta, exasperada, abre intempestivamente la puerta de su vivienda —a la que confiado se arrimaba el pelmazo para hacerse oír—, accede al fin el marqués al recinto de sus anhelos, si bien rodando como una pelota ya que se privó a su cuerpo del apoyo en que se sustentaba.

Nieves hurta el palmito a la inconsciente embestida del intruso y con la escoba que amagó usar, se ensaña vigorosamente en el caído. Advierte compungido el ten-

dero Amós que no es bueno enemistarse con el adminis-
trador de la casa.

—Como si es el Papa.

Escandalizado Amós por un símil que rechaza su
conciencia de sacristán, ahueca las manos sobre su
testa contoneando, locuela, sus homosexuales carnes.
Pero Nieves, enzarzada en controversia teológica con
Sagrario, ni le mira, por lo que el tendero, descendiendo
a la prosa de la vida, se dedica a limpiar de polvo el
traje veraniego del marqués. En ese trance le sorprende
Dora tras zanjar su discusión con la beata y, en solícita
consideración hacia quien puso perdido, le recomienda:

—Ojito con las manos del compadre que son peores
que las mías.

Agrios epítetos de Amós y la beata escoltan la desaparición de Nieves. Más ásperos serán, sin embargo,
los que reciba el marqués cuando anuncie al auditorio
que ha presenciado el lance, la subida de los alquileres.

Sin entrometerse en la protesta de las vecinas, un
militar de esbelta facha, al que jamás se ha visto por
allí, surca el zaguán, otea el patio, consulta un papel,
examina las viviendas de los corredores y encara resuel-
tamente las escaleras.

En el rellano del primer piso, cede la preferencia al
tendero Amós que transporta a la sillita la reina al marqués en dirección opuesta a la que el militar persigue.
Ya ante la puerta de Nieves, confirma que es la indicada
por el memorialista Elías, saca un cucurucho de barquillos del pecho y llama con la perseverancia del marqués
sin adivinar que la mujer todavía rezonga acordándose
de un episodio parecido al que él promueve ahora con
sus interpelaciones apremiantes.

Como ignora estos antecedentes, el militar se extraña de que una voz femenina blasfeme en el interior
cuando él repica. Aplicando el oído a la madera percibe
confusos movimientos precipitados. Y al inclinar en
ángulo recto su figura a fin de captar algo inteligible,
esa hospitalaria posadera a la que procuraba acogerse,
le vuelca un barreño de líquido desde la ventana.

Impresionado por la bienvenida, el militar ni re-
chista, pues si con su pinta bizarra ha provocado esta

recepción —de la que ya varios testigos se desternillan de risa—, ¿qué será cuando la viuda del lugarteniente Cosme reconozca en él al revolucionario Miguel, que para despistar a la policía se disfraza de repatriado?

11

—Pero ¿quién es usted? —inquiere Nieves al percatarse de que no resulta escarmentado el que ella suponía sino un quinto del reemplazo. Aturdida, salta de la banqueta donde se encaramaba para disculparse personalmente con la víctima de su ofuscación. Pero al resbalar en el vertido del barreño que inundó a Miguel y permanecer lamentándose de sus cuartos traseros durante un rato, da tiempo a que los perversos agentes de su encono, el marqués y Amós, escandalizados de la fechoría perpetrada por Nieves, rehagan el camino y, solidarios con el que les ha librado de un remojón cierto, le inviten a trocar el uniforme de batalla por otro menos provocativo en la tienda del sacristán.

Intuyendo que Nieves saldrá a excusarse, el marqués se rezaga y monta guardia en su postura danzarina.

—No se desanime, marqués —aconseja Amós—. Para conquistar a una mujer, hay que tener paciencia.

—No me recuerda a la Dora que conocí —objeta el marqués.

—El tiempo todo lo cambia. Tampoco usted es el mismo.

Cuando la doliente Nieves asoma, en vez de toparse con el soldadito, se encara de nuevo con el emulador de la grulla. No arrebatada de amor sino con ganas de ahogarle, se proyecta impulsivamente en sus brazos y ambos besan el suelo sembrado de barquillos humedecidos.

La poderosa personalidad de Nieves, que a partir de este encuentro extiende a sus partes delanteras el quebranto sufrido por las posteriores, subyuga terminantemente al marqués. No habituado a tan fulminantes éxitos, queda hasta tal extremo sin resuello que sus atributos viriles, mecánicamente enseñados a desplegar

115

sus recursos en trances similares, se sumen en el desmayo que padecen sus sentidos.

A bofetadas de Nieves, en absoluto resuelta a entregar su virtud al lascivo aristócrata, recupera éste el seso para observar que la mujer, retirada de las inmediaciones por las modistillas y orientada sobre el paradero del que empapó sin motivo, desciende hasta el patio perdiendo el maltrecho culo e irrumpe en el establecimiento de Amós cuando Miguel le está cediendo sus mojados pantalones.

Amedrentados los hombres por el femenino ciclón —que se cree testigo de una escena homosexual—, el tendero se apresura a vestir al desnudo con las mismas prendas que éste le confiaba y Miguel pugna por escapar de la que tan abundantemente da de beber al sediento.

—Ofrezco posada al peregrino —tartamudea sonrojándose el sacristán Amós.

Pero Nieves no corrige al que seguramente yerra. Sin el uniforme castrense, reconoce en Miguel al líder revolucionario en cuyo campamento transcurrió su luna de miel con Cosme. Azorada sonríe al que tirita con la resaca del chapuzón. Le tiende la mano y rechazando el vino de confraternización que Amós propone, informa:

—Este señor es mi primo y sube a mi casa a cambiarse.

No replica el tendero y cuando la pareja traspasa el umbral, ve perfilarse la imagen del marqués, con su típico aspecto desastrado y las manos en la nariz, a punto de estornudar. En reincidente reflejo, adopta el aristócrata actitud danzante. Pero al apreciar la suavidad que la arisca gasta con sus compañero, justifica el marqués su insistencia en asediarla:

—¿Cuándo escotas el alquiler, morosa?

—Venga a horas de oficina.

Ya en las escaleras, Nieves solicita el perdón de Miguel, que reacciona como idealista cabal:

—Hiciste perfectamente. Así se doma al ejército.

—Mira que disfrazarse de sorchi, qué ocurrencia —y asaltándole con la mirada, insinúa—: ¿Te va la marcha?

Miguel sonríe por primera vez. Y promete:

—Cuando estemos solos, te cuento.

12

Adormilado al sol de la tarde descansaba Facundo en la terraza del balneario norteño cuando Miguel avanzó por la vereda principal de acceso al edificio. Sentado en la mecedora y sin cortejo, el político ofrecía un perfecto blanco. Miguel amartilló la pistola y, recreándose en la suerte, apretó el gatillo.

Desde la ventana donde admiraba el paisaje, la cachonda Dolores lanzó simultáneamente un grito de alarma y el flotador que le regalara en su día el médico bigotudo. Importunado por la voz y el objeto volante, Miguel se evadió sin haber herido a su presa, pues la bala asesina perforó la ubre de una vaca.

Tras el criminal atentado, la cachonda Dolores y su muy convulso cónyuge regresaron a la capital huyendo del anarquista que, sin pagar billete, se embarcó en el mismo tren con idénticas intenciones de fuga. Ya en la ciudad, Miguel se presentó al memorialista Elías que, antes de dirigirle al domicilio de su sobrina Nieves, le aconsejó disfrazarse para burlar a la policía. Miguel adquirió el uniforme de soldado a un aguador cojo, a cambio de una docena de barquillos para Nieves que la vehemente costurera remojó, sin probarlos, al encharcar a quien le hacía el obsequio.

Mientras, Facundo y Dolores solicitaban protección a la marquesa en el hotelito de ésta. La dama no podía atenderles mucho tiempo porque tenía una asamblea con sus asesores. Pero recordó que la peluquera Rosa le había pedido permiso para convertir su casa de viuda inconsolable en una pensión de clientela exclusivamente masculina.

—Es Benavides el que lleva las casas de putas —matizó la marquesa suspirando. Mas no contrarió las aspiraciones de su fiel peluquera porque ésta prometió cederle de tapadillo un cañón de los beneficios. Y en la convicción de que Facundo y Dolores disiparían la mala fama del establecimiento, envió inadvertidamente a la atribulada pareja a la vivienda de Rosa, colindante con la de Nieves, donde se alojaba Miguel.

Se marchaban Facundo y Dolores cuando les asaltó Andrenio Corrales armado de bolígrafo y cuartillas. El político, incapaz de hilar dos palabras seguidas pese a los recorridos manuales por la entrepierna de la cachonda Dolores, delegó la expresión de sus ideales pacifistas en el periodista y la coima que, estimulándose mutuamente en una habitación aneja, con arreglo a los cánones de la entrevista, culminaron su apasionante ejercicio en estupendo reportaje.

«Alfadario» nunca lo publicó. Cuando Andrenio Corrales llegó a su despacho, Emeterio se hallaba en la reunión convocada por la marquesa para deliberar sobre sus finanzas. Del balance auditado se desprendía la necesidad de distribuir en acciones la propiedad de la casa de vecindad —Emeterio compró la mayoría—, y de vender a Gonzalo el automóvil de Lucio porque la subida de alquileres no compensaba la sangría de gastos.

Ausente su patrón, Andrenio no quiso trabajar y subió a las dependencias de Emeteria.

—¡Fuguémonos! —imploró, abatiendo sus rizados bigotes en el pecho de la joven.

Cuando Venancio llegó a su casa después de asistir en el Real a una representación de *Otelo*, halló encima de las cuartillas del sainete una cartita de Andrenio Corrales:

Maestro, corto mi colaboración con usted para iniciarla con su señora. Haga del libreto su voluntad.

Tres días más tarde, Emeterio enseñó a Venancio un periódico francés donde Andrenio Corrales firmaba su entrevista con la cachonda Dolores en el hotelito de la marquesa.

—Ya sabes dónde encontrarle —dijo al músico—. Escribiendo para la competencia.

13

LA FLACA Emeteria regresó en seguida de París, profundamente decepcionada por la fragilidad del sentimiento amoroso: al cabo de una semana de pertinaz idilio en el boudoir más canalla de Montmartre, Andrenio desaparecía tragado por la tierra en la fosa común del cementerio de Père Lachaise. El óbito irresponsable del que se vanagloriaba de su fortaleza sexual, abocaba de nuevo a Emeteria a la caridad de sus parientes. Con los brazos abiertos y la lágrima copiosa recibieron éstos a la desvalida que, como balance de su aventura, traía el cuerpo baldado y un frasco con el aroma a lilas de su conquistador que rápidamente aprovechó la madre.

Venancio no asistió a la reconciliación familiar. Huyendo de su suegra, que le hacía responsable absoluto de las desavenencias conyugales, se había trasladado a la casa de vecindad de la que era accionista mayoritario su suegro. Allí donde recaló de joven, meditaba Venancio en la factura que pagaba por haberse relacionado con la gente bien, siguiendo los consejos de su difunto padre, cuando una voz flamenca que vendía barquillos en el corredor anunció la muerte de Chueca.

Era el último día oficial de primavera y el entierro se celebró en el primero del verano. Tirado por corceles negros discurrió el féretro por una Gran Vía de alumbramiento reciente y por las calles y plazas que inmortalizó su ingenio festivo. La banda del municipio cerraba el desfile fúnebre interpretando el repertorio del maestro. Y mientras autoridades abrasadas por el requisito de la levita plantaban condecoraciones en la caja mortuoria o pronunciaban panegíricos, el pueblo madrileño se consolaba de la pérdida de su autor tarareando sus composiciones.

A la altura del Café del Vapor, testigo de los inicios musicales de Chueca, el cortejo se detuvo: un concejal exaltó la generosidad de Chueca con los centros benéficos y un coro de hospicianos cantó y bailó la mazurka de los marineritos.

Entretanto, junto a una acacia tísica que abonaba con excrementos un caballo de la comitiva, Emeterio deponía al oído de su yerno las novedades que, por eludir el presumible escándalo, tardaron en comunicarle. Hedía la vaporosa ofrenda del animal cuando Emeterio exhortó a Venancio a reconocer sus culpas y rehacer su hogar.

Aunque respetuoso con el dolor del artista, Emeterio no podía concederle la razón en la querella conyugal pues sería desautorizar a su hija en beneficio de un

cazador de dotes. Sabía Venancio que, separándose de
su mujer y del círculo influyente de «Alfadario», se cerraba las puertas de la sociedad. Pero por primera vez
en su vida, ya sin la tutela paterna, Venancio no quería
supeditar su felicidad al éxito profesional.

La banda despidió el duelo con el pasacalle de la guerra ultramarina. Emeterio entró en su casa cariaconte-
cido por la testarudez de su yerno. Venancio encontró
a Asenjo llorando por su compañero de orquesta en el
desaparecido café. Juntos caminaron hacia el Teatro de
la Cruz donde Asenjo se había colocado de pianista gra
cias a la recomendación de Venancio.

Aquel atardecer memorable que ya no disfrutaría
Chueca —recuerda hoy Asenjo en el asilo de ancianos
actores—, el violinista dijo a Venancio después de escuchar sus amarguras:

—No tolero que se desanime, maestro.

Y como no ignoraba que el compositor vertía en la
música sus crisis sentimentales, se ofreció a concluir el
sainete de Andrenio si Venancio terminaba la partitura.

Con las cuartillas de Andrenio Corrales bajo el brazo,
abandonó Asenjo la vivienda de Venancio. Quedó éste
a solas con sus fantasmas. En el patio, el vecindario se
afanaba en preparativos de verbena.

Venancio soñó que el cuarto se iluminaba con la
visita de la actriz Dora. Venía con jerez y pasteles para
endulzarle las penas y con el álbum de fotos de su interpretación de «Hurgar con ruego». Repasando las imágenes mientras merendaban, Dora confesaba que prefería
bailar cuplés a cantar zarzuela, porque entonces se acor-
daba de Niporesas.

—Le quería mucho —declaraba— y me lo mataron,
maestro.

Tragándose el desconsuelo, Dora secaba las lágrimas
que su confesión suscitaba en Venancio.

—No se aflija, maestro, que eso buscan cuando hacen
daño. Si pretende vengarse, ríase de ellos.

Despertó Venancio de madrugada reclamando a la
bailarina, igual que el marqués de «Hurgar con ruego».
Y jamás concibió música tan alegre como en esa noche
triste.

14

El TERCER acto se inicia al caer la tarde. En un rincón del patio de la casa de vecindad, sobre una tarima que levantaron los hombres mientras las mujeres tendían cadenetas por el corredor, toca la charanga del barrio. Algunas parejas bailan.

Hace calor. Encarna, apostada en el zaguán para impedir la entrada a la verbena de los que no son vecinos, forcejea con el marqués que pretende introducirse triunfalmente en el recinto, montado en un coche de caballos. Después de intentarlo sin éxito por ser más estrecho el espacio de acceso que el tiro del carruaje, el marqués desiste de su empeño cuando el barquillero Manuel le comunica que su madre, Nieves, le aguarda en la cama dispuesta a complacer sus pretensiones.

Al punto, el marqués se arroja del vehículo sin medir las distancias y ordena a los que se precipitan a socorrer a la portera de la embestida que le propinó el aristócrata al saltar, que avisen a Nieves de su tardanza porque se ha torcido un tobillo. Nadie le obedece, naturalmente.

Todo está preparado para que el marqués acuda al cuarto de Nieves creyéndola propicia a sus apetitos desordenados y ese nido de amor se convierta en cárcel del pueblo. Miguel, el memorialista Elías y gran mayoría de inquilinos han planeado el secuestro del aristócrata como presión contra la subida de los alquileres.

La amorosa vehemencia del marqués supera el dolor y a los sones del pasodoble que toca la charanga remonta, cojeando, las escaleras. En el rellano del primer piso descansa y agita la pierna contusionada para favorecer la circulación de la sangre. Lamentando no encontrar en el barullo de gente a su amigo Amós, que le dispensaría cataplasmas de fulminante efecto benéfico, reanuda en tinieblas la ascensión. En ese momento, Amós encaja en su rostro la careta de orangután indostánico y desabrocha los botones de su bata para satisfacer su propensión exhibicionista ante el desconocido que se aproxima a su escondite renqueando.

Amós escucha acercarse a su víctima con el mismo anhelo que Manuel el barquillero. Muy próximos uno del otro, las sombras no les permiten descubrirse.

Conforme al planteamiento de Miguel, cuando el marqués llame a la puerta de Nieves y se le franquee el paso, el barquillero le empujará por la espalda hacia el interior, donde también acechan, impacientes, los secuestradores.

Con los brazos extendidos para prevenir contusiones, avanza el marqués en la oscuridad. Fiándose de su instinto, se detiene. Su corazón le indica que se halla frente al objetivo deseado. Mas como un error sería imperdonable, prende un fósforo. Seguro ya, golpea quedo la puerta con mano tan temblorosa como la de Amós despojándose de la bata.

—Pase misí —modula la inconfundible voz femenina.

Recreándose en la suerte, en vez de penetrar en el recinto, el marqués opta por situarse en el umbral con el ceremonial pantomímico de costumbre. Acatando el canon jotero, alza ligeramente la pierna de tobillo lastimado. Mas cuando estiraba el brazo opuesto, sudorosa mano ajena oprime la suya y firmemente la guía hacia lo que parece un culo, sin que de esta particularidad consiga cerciorarse el marqués porque el brusco empellón de un atolondrado le estrella contra la puerta que debía salvar y que, por ignorada causa, se abre más tarde de lo convenido por los secuestradores.

Confusión soberana de cuerpos se sucede en un segundo sobre el marqués caído. Y cuando la vivienda de Nieves se ilumina, los secuestradores advierten con alarma que no atraparon al representante de la oligarquía corrupta sino a un descendiente del Neanderthal que pudorosamente aspira a ocultar la desnudez de su miembro erecto.

15

MIENTRAS Amós, quitándose la máscara de mono, explica a los que pretenden conducirle a la comisaría por corruptor de menores que un bromista le introdujo a la fuerza en esa vivienda cuando se dirigía al retrete, el marqués escapa convencido de que la satisfacción de sus deseos plantea inconvenientes. Con la cojera más pronunciada tras el golpe, decide matar el tiempo en el tenderete del aguador mutilado que esta noche vende, además, refrescos de zarzaparrilla y limón. Para granjearse la simpatía de los hostiles al encarecimiento de los alquileres, el marqués invita a beber a los músicos de la charanga. Torvamente soportan los vecinos que se les deje sin baile. Pero éste no tarda en reanudarse porque el aguador, avisado de la extrema pobreza de su cliente, reclama el pago de la consumición antes de servirla.

Sin soltar la pasta que no tiene, el aristócrata discute con el aguador hasta que la civilizada zarpa de un simio lleva al marqués al fondo del escenario, donde la fiera revela su condición humana desembarazándose de la careta festiva. Seguidamente, el tendero Amós invita a sentarse a su amigo en una mecedora situada en la fachada de su establecimiento. Allí le encarece que aguarde a una viuda, enamorada hasta las cachas de su personilla cojitranca. Como ella le conoce —aunque él aún no tiene ese gusto—, no habrá problemas para relacionarse.

—Sea —concede el marqués—. Pero rápido, porque estoy citado con mi verdadero amor.

—Volando viene.

Queda el marqués en la mecedora mientras Amós marcha a buscar a la peluquera Rosa. Amós ha debido plegarse a los designios de los secuestradores para no dormir esa noche en la prevención por sodomita. Según los nuevos planes, pondrá en contacto al marqués y a Rosa. Ésta seducirá al marqués en el carruaje y, acabada la verbena, encerrará al presumiblemente exhausto, en casa de Nieves.

Amós tropieza en el rellano del primer piso con Sagrario que se dirigía precisamente a su tienda a comprar un ungüento para Facundo. El médico de poblados bigotes ha atribuido las convulsiones del político a unas ardorosas hemorroides. Amós ruega a la beata que le espere a la puerta de su establecimiento. En cuanto transmita un recado estará con ella.

Merodea Sagrario por donde le ha indicado Amós cuando un vejestorio se alza gentilmente de la mecedora en que descansaba y se ofrece a atenderla. Y mientras Sagrario se deshace en excusas por interrumpirle para obtener un preparado de castaño de Indias, eficaz antídoto contra las almorranas, el marqués la transporta en volandas al carruaje donde el barquillero Manuel se entretiene en revisar la dentadura de los caballos.

Nada más introducirse en el coche el marqués y la atónita Sagrario, brincan los corceles como atacados de mal agudísimo ya que el barquillero Manuel, obedeciendo a Miguel, ha proporcionado un estimulante a los animales para que éstos se alejen inmediatamente con su presa. Invocando a la Abogada de los Imposibles, Sagrario se arroja del vehículo, el barquillero evita que se desplome y esa visión sorprendente de una vieja casquivana corrompiendo a un chiquillo con un estrecho abrazo es la última que registra la conciencia del marqués antes de desmayarse. Permanece ajeno, por tanto, a la responsable inquietud de Román que desenfunda su pistola de reglamento cuando dos caballos desbocados, arramblando en su carrera con un puesto de rosquillas, alteran el orden público.

16

UNA DETONACIÓN estremece a los habitantes de la casa de vecindad.

—¡La Guardia Civil! —grita el memorialista Elías protegiendo el cuerpo de Miguel.

—¡El anarquismo! —asegura la cachonda Dolores enculando contra un armario al sodomizador Facundo para que la bala reincidente perfore esta vez sus carnes y no las de su epiléptico cónyuge.

Rosa se precipita desolada por los escalones y espantada se detiene ante las mecedoras vacías.

—Otro que me falla —gime la necesitada de pasiones fuertes.

Román franquea el zaguán a paso ligero porque dos guardias municipales le pisan los talones y con énfasis proclama al vecindario, que ha dejado de bailar, asustado del estampido:

—Un tiro se lleva entre pecho y espalda. No dará más guerra.

Redobla Rosa su contrariedad y Amós la corea, seguros ambos de que el marqués ha pasado a mejor vida por obra de este militar antidemócrata al que los guardias municipales, ignorantes de su profesión y empleo, desarman y reducen.

—A mí el Ejército —vocifera Román exaltadísimo.

Pero al grito de solidaridad del cabo, sólo acuden sus familiares inmediatos. La portera pregunta si se ha metido en un lío. Más pragmático, Perico trata de persuadir por las buenas a los guardias:

—Tengan ustés corazón, que es mi hermano.

En esta controversia se debaten municipales y civiles cuando aparece el barquillero Manuel con el marqués, sumamente apesadumbrado éste por la minuciosa destrucción del carruaje en el que proyectaba galanteos múltiples.

Rosa y Amós se abalanzan jubilosos hacia el que aprecian vivo. Pero Sagrario, que reconoce en el aristócrata al que pretendía atentar contra su virtud, le dejaría exánime de no interponerse los guardias. Con cívico celo, quieren los municipales encarcelar a Sagrario. Todos evitan que ocurra. Cristianamente, el seductor perdona a la beata y en su condición simultánea de dueño de uno de los animales abatidos, intercede para que Román quede en libertad y en posesión de su arma.

—Excúseme la hecatombe de la alazana —se duele Román, exquisitamente humilde, ante el propietario aristócrata.

—Unos mueren para que otros vivamos —responde el marqués con tanto convencimiento que, a su voz, se cuadran los municipales y el cabo del Ejército.

Extrañada la banda de que no se festeje con baile este momento de concordia, exhuma un schotiss muy sandunguero y propiamente marcado de cuyo atractivo es Rosa la primera en percatarse. Hirviéndole la sangre, aborda al marqués:

—¿Me dará usted gusto?

—El gusto es mío —replica el marqués con urbanidad. Pero ruega sea disculpado de bailar por la cojera que padece.

A espaldas de Rosa, Manuel cree llegada la ocasión de iniciarse en los secretos de la vida.

—Por un barquillo, soy suyo.

Sin pensárselo dos veces, la mujer le compra una docena. Y Manuel, a cambio de los céntimos de Rosa, se regala el cuerpo con la enamorada fiereza de su embestida.

El marqués se dirige al tenderete y en insensato desplante conmina al aguador a servir ronda espléndida no sólo a los que se hallan con él, sino a todos los inquilinos de la casa y a los que extramuros padecieron la demencia de sus caballerías.

—Hoy no se fía —insiste el aguador aclarando unas copas.

Aunque mohíno por el desaire, persevera el marqués acodado en el mostrador. No desistirá hasta que Encarna anuncie la inopinada visita de la marquesa. Llega a confraternizar con el pueblo en fiesta y a interesarse, samaritana, por la salud de Facundo.

17

UN ZUMBIDO de motor confirma las palabras de la portera. El automóvil aparca en el zaguán y de él descienden Lucio, Melchor y la marquesa. Ésta recibe de la portera la lista de inquilinos y las llaves de las habitaciones. Pero, en vez de agradecer la oferta simbólica, se insolenta:

—Mi marido se hará cargo. Tú me sisas.

—Lo hice por los hijos —suplica Encarna.

Para no ser incluido en el descrédito familiar, Román se cuadra ante los recién llegados y reglamentariamente formula:

—A las órdenes de usía se presenta el cabo Román a notificarle que su marido se hostió en el carruaje.

La marquesa palidece con la noticia. Muy inquieta, pregunta en seguida por la suerte de los caballos.

—Yo maté a la jaca alazana —contesta Román abombando el tórax—. El semoviente restante cogió una moña.

En posición de firmes aguarda Román la medalla al

mérito de haber evitado un percance al marqués. Pero a cambio de su heroico arrojo, Lucio, Melchor y la marquesa le retribuyen con los epítetos más soeces de la lengua castellana, ya que al privarles de los últimos ejemplares de su ganadería equina, no podrán vendérsela a Gonzalo.

—Este aquí no vive —sentencia la marquesa enfurecida.

Encarna se arrodilla implorando ahora que no se extienda a ella el castigo de su hijo. Desentendiéndose de su subordinada, la marquesa se encarama al tablado de los músicos llamando a su marido. Dándose por enterado, afana éste una botella de vino del tenderete del aguador —ahora sin gente— y corre a atrincherarse en un estercolero próximo, foco de nocivos gérmenes y, como tal, alejado de la curiosidad humana. Ordena la marquesa buscarle vivo o muerto y son los primeros en obedecerla sus incondicionales enemigos, aquellos que vieron frustrado en dos ocasiones el propósito de secuestrar a su consorte.

Suspendido el baile, mientras el vecindario se dedica a tareas detectivescas, la marquesa sube a la pensión de Rosa, donde Facundo se hospeda. Dolores está untando el hinchado ano del político con la pomada que trajo Sagrario de la tienda de Amós. Portando el estandarte de Rosarito, aborda Sagrario al séquito de la marquesa en el corredor y, de parte de Dolores, ruega que la visita sea breve porque Facundo, cada vez más convulso, es incapaz de dominar sus esfínteres.

La entrevista se desarrolla entre continuas ventosidades del político y obscenas carantoñas de su coima para que aquél no pierda el control verbal. Facundo aconseja a la marquesa que regale sus propiedades al pueblo, porque las dos únicas riquezas de la vida son la salud y la tranquilidad de conciencia. Él ya disfruta de paz interior pero su cuerpo desdichadamente acusa la factura de un pasado escabroso:

—¡Dios castiga mi culo por haber sodomizado tanto a justos como a pecadores!

Con el íntimo consuelo que proporcionan las obras de caridad a quien las realiza, abandona la marquesa la habitación de Facundo. Meditando en sus lamentaciones bíblicas, delibera con Lucio y Melchor en el rellano del primer piso y después convoca desde el tablado de la charanga a los que, dispersos por los alrededores, rastrean las huellas del marqués. Éste se halla otra vez en el tenderete a suministrarse, porque una rata le derramó sobre los pantalones, casi entera, la botella que bebía. Su antaño limpio atuendo se ha transformado en malolientes harapos. Provistos de alcohol etílico se reintegra a su escondite cuando escucha a su esposa. La marquesa manifiesta a los vecinos su intención de celebrar una rifa a beneficio de aquellos repatriados aún sin trabajo. El ganador obtendrá el lujoso automóvil situado a la puerta de la casa.

Perfectamente coherente, el marqués cambia de objetivo y no se instala en el basurero sino en el automóvil. Diestro por nacimiento en el tacto de exquisiteces, averigua el secreto de ponerlo en marcha. Feliz de reemplazar por otro transporte el destrozado calesín, considera que ninguna mujer se le resistirá cuando la invite a pasear en tan magnífica carroza.

18

—No me rompa nada.

El aviso procede del diván trasero del automóvil, donde un personaje vestido de etiqueta y agarrado a una botella de champán francés, afirma llamarse Gonzalo y ser banquero. El marqués, que se asustó mucho al oír al polizón, se relaja en soberana risotada ante lo que juzga un farol.

—Si tú eres banquero, yo soy mendigo.

Gonzalo, que no puede tomar a broma la confesión del marqués después de examinar su aspecto, sólo se desconcertará cuando su interlocutor le conmine a desalojar el vehículo.

—¡Pero si es mi coche! —tartamudea Gonzalo, más borracho que indignado.

—Tu coche lo están rifando en el patio.

Jurando en griego, Gonzalo ofrece champán al marqués para que amplíe detalles. Más tranquilo al descubrir a los responsables de la tómbola, comenta moviendo la cabeza:

—Serían capaces de vender a su familia.

—¡Por eso les huyo! —exclama el marqués, repentinamente conmovido.

Gonzalo se contagia de sus lágrimas y, proclive a las confidencias, saca de su cartera una fotografía de la mulata interpretando *La corte de Faraón*. Esgrimiendo un billete de curso legal ante las enfriadas narices del aristócrata, promete dárselo si le trae a esa chica y les conduce en el automóvil a un reservado.

El marqués arrebata al vuelo el billete y perjura que la mulata habita en esa casa de vecindad. Espléndidamente recompensa esta información el banquero. El marqués abandona el automóvil para conseguir a la primera que pesque, a la que hará pasar por mulata ante el embriagado Gonzalo. Pero rápidamente vuelve y se agazapa en el suelo del coche porque su hijo Lucio se aproxima con una arqueta en las manos.

—Aquí tienes el dinero de los alquileres —dice Lucio.

—Es la rifa de mi coche, mentiroso —rebate Gonzalo.

A Lucio se le cae la arqueta del susto y cuando se agacha a recogerla, ya está en poder del marqués. Tratando de recuperarla, Lucio tropieza con el cuerpo ovillado de su padre.

—No toques a mi chófer —advierte Gonzalo—, ni le quites su salario.

—¿De qué viviremos entonces? —se extraña Lucio.

—De la buena fe de la gente —responde Gonzalo.

Lucio torna abatido a la casa de vecindad. Al rato, le sigue su padre. Y mientras Lucio comunica a su madre y a Melchor que el dinerito de la rifa voló, el marqués enfila las escaleras con decisión y golpea la puerta de la que desde hace horas le esperaba. Al franqueársele la entrada, se introduce por su propio pie en la guarida de sus secuestradores. Miguel se lo notifica:

—Desde ahora, es usted propiedad del pueblo.

Y el marqués, al ver cumplidas sus aspiraciones democráticas, se desmaya de la impresión.

Los secuestradores le tienden en un catre. Nieves ausculta el corazón del anciano, examina su pupila y afloja sus harapos. En el reconocimiento, descubre maravillada muchísimo dinero, procedente de la rifa y de la generosidad de Gonzalo. El marqués balbucea inconsciente:

—Todo es tuyo, Dora.

—Todo es del pueblo —aclara Miguel.

El marqués suspira. Y alzando los ojos, confirma:

—Soy un demócrata.

A Nieves le sube por el pecho una congoja cálida:

—No parece malo este hombre.

Sin tiempo que perder, Miguel y Elías se visten el guardapolvo de sepultureros que Nieves confeccionó, arrullada por su pájaro cantarín. El marqués es depositado en el féretro que los secuestradores escondían bajo la cama y, precedidos del barquillero, que esgrime un destornillador, salen todos de la vivienda.

Miguel y Elías portan la caja donde duerme el marqués. Nieves y Rosa marchan detrás, enlutadas. El cortejo se detiene en el rellano del primer piso a la espera de que el barquillero apague las luces generales de la casa en la portería. Pero Melchor se anticipa a las intenciones del muchacho.

—Corremos o nos corren —ha advertido a la marquesa y a Lucio cuando el vecindario exige proceder al sorteo de la rifa.

19

Cuando Melchor deja en tinieblas la casa de vecindad, la marquesa iba a recitar el número premiado. Al grito unánime de desencanto de los inquilinos, sucede en el patio un alborotado discurrir. Para no ser arrollado por el veloz desplazamiento de cuerpos ciegos, el barquillero trata de arrimarse a la pared de la portería, pero un topetazo humano le priva del destornillador y del equilibrio.

El avispado banquero Gonzalo percibe a su vera una presencia rumorosa. Figurándose junto a la mulata de nalgas soberbias, desea obsequiarla con la botella que el marqués afanó en el tenderete. Palpa a su alrededor buscándola, pero soeces injurias responden a sus inocentes toqueteos. Considerándose ebrio porque le acosan fantasmas, Gonzalo reniega de su humanidad disminuida hasta que la iluminación de la casa le reconcilia con su sentido de la vista. Fue la portera la responsable de provocárselo, después de pisotear al barquillero en el zaguán. Mas cuando el banquero accede a contemplar su circunstancia, desearía hundirse en la feliz oscuridad anterior: ese diván trasero, donde pretendía revolcarse con la antillana y el automóvil de su propiedad, han sufrido la democrática invasión de los vecinos.

Comparten la decepción de Gonzalo los organizadores de la rifa fraudulenta, que esperaban burlar a los que previamente timaron, poniendo tierra por medio.

—Me debéis la pensión de ex combatiente —grita el aguador mutilado tocando la bocina del Hispano-Suiza.

Román recaba autorización de los interpelados para disolver la concentración manu militari.

—No os marcháis sin pagar —corean los vecinos en la sofocante noche veraniega.

Los vejados por sus súbditos experimentan aún mayor zozobra cuando reparan en el entierro que se ha formado a sus espaldas. Ciertamente, ni inquilinos ni administradores se creían en un duelo. Pero tampoco los secuestradores del marqués aspiraban a consumar su hazaña delante de testigos. Los apiñados en el automóvil, cómplices del rapto del marqués pero ignorantes del procedimiento que siguen los raptores, pugnan por erguirse en señal de respeto. Forzado a imitarles, el banquero extravía la botella que había capturado trabajosamente.

Mas no sólo ha perdido su botella el banquero. También los sepultureros se quedaron sin cadáver. El aguador se lo indica al barquillero: el féretro está destapado y vacío. Al comprobarlo, Miguel y Elías toman las de Villadiego y los litigantes, amedrentados de que un fiambre ande suelto, conciertan rápidamente un pacto: los administradores no subirán los alquileres si los inquilinos les permiten salir de rositas.

Firmadas las paces, los vecinos desalojan con presteza el vehículo del que continúa proclamándose dueño Gonzalo. Harta de sus manifestaciones, la marquesa amenaza con ajustarle las cuentas. Y, en efecto, nada más arrancar el automóvil, la marquesa y su hijo Lucio asedian al banquero a sablazos y solicitudes de crédito.

Intrigadas por el paradero del marqués, Nieves y Rosa sospechan que debió saltar de la caja mortuoria al apagarse las luces. Rastreando su huella dejan al barquillero en el tenderete y cuando se encaminaban a casa de Nieves a consultarlo con las cartas, la cachonda Dolores agradece a las disfrazadas de luto que compartan su pena y sollozando se apodera del ataúd que portaban para introducir en él a Facundo. El corazón del político, ya muy debilitado por la convulsa enfermedad que padecía, no ha podido resistir la misericordiosa visita de la marquesa.

Al conocer el vecindario la noticia, muchos se alegran de que aparezca el cadáver nómada. Asenjo y Venancio, que leían la escena final de la zarzuela, salen al corredor a investigar el escándalo que reina en el patio, donde un militar tronado se empeña en destrozar un puesto de refrescos.

—La Naturaleza imita al Arte —comenta Venancio.

Para festejar la terminación del sainete, Asenjo había reservado una mesa en Fornos, donde les aguardaban dos amigas del violinista. Aquella noche, Asenjo, Venancio y las dos muchachas estuvieron en la verbena de las Vistillas. Pero Asenjo no contó esta aventura en la tertulia formada por actores jubilados en el cuarto de estar del asilo porque la convocatoria a cenar interrumpió las evocaciones.

HABANERA

1

Con ropa de domingo y perfectamente rasurado, Venancio presentó su sainete a Benavides en el Teatro de la Cruz. El empresario le recibió robando tiempo a sus múltiples ocupaciones y, tras retirar de su mesa de despacho un manojo de naipes y unas botellas de anís, lamentó que sus dificultades económicas le impidieran embarcarse en nuevos montajes. Persuadido por Venancio, depositó el original sobre un tapete de ruleta con la promesa de leerlo y, en cuanto desapareció el músico, lo arrojó a la estufa de su salón donde esa misma mañana perdería la camisa al cané a manos de sus acreedores.

Al cabo de varios meses, desesperado el compositor de no tener noticias de su manuscrito, asaltó el gabinete donde se había encerrado Benavides para buscar salidas a la crisis teatral. Le pilló a solas y en cueros, pegándole la paliza al muñeco ante una foto de la mulata buscándose la pulga. Sin arredrarse, Venancio le hizo llegar en rigurosa primicia hasta el excusado, donde el intrépido hombre de negocios se refugió con el miembro en ristre, todos los cantables de la partitura y el intermedio orquestal.

Agotado el repertorio y ya sin aire en los pulmones, Venancio mendigó el veredicto del empresario a la puerta del retrete. La voz jadeante de Benavides, incapaz de satisfacerse a ese son por más que lo procuraba, le garantizó el estreno de la pieza en el primer hueco disponible de su apretado calendario.

Para redactar el contrato, Venancio le llevó a comer cocido a Lhardy. Al término del banquete, Benavides accedió a programar la zarzuela en la temporada próxima si se expurgaba de actores el libreto y se montaba una campaña de prensa. Rehecho el texto y sacada copia del mismo para curarse en salud, Venancio cedió la mitad de sus derechos de autor a su suegro Emeterio a cambio de sus servicios de propaganda en el informativo que dirigía.

Enterado Benavides del cumplimiento de estas condiciones en un merendero de Carabanchel, donde se soplaba un conejo al ajillo a cuenta de Venancio, propuso eliminar del sainete esas desenfadadas referencias a personajes o instituciones que dejarían al proyecto artístico sin las subvenciones oficiales necesarias para que se animase a sufragarlo una iniciativa privada reacia a emprender aventuras culturales sin respaldo estatal.

Aceptada la sugerencia por Venancio, Benavides visitó a Gonzalo que, relevado de sus responsabilidades bancarias por su afición al alcohol, ejercía la usura en sus ratos lúcidos. Filántropo hasta las cachas, Gonzalo no quiso oír hablar de números ni de rentabilidades. Preocupado únicamente por la calidad del producto, se resistía a financiar lo que en breve plazo le reintegraría el presupuesto si no examinaba previamente las cualidades de la mulata de nalgas soberbias para el papel que le correspondía en la obra.

Herido Benavides en su sensibilidad profesional, pues disfrutó de la muchacha mientras no liquidó la compañía de actores, accedió finalmente al requisito cuando se determinó su carácter irrepetible. Celebrada la prueba un domingo de Ramos en el gabinete de Benavides —infranqueable en esta ocasión— y con dos botellas de champagne por testigo del interés de Venancio, reaccionó con tal generosidad Gonzalo que, después de echar cálculos Benavides y deducir que en un santiamén se gastaría el dinero, anunció para el inmediato sábado de gloria la première con gran desasosiego de los intérpretes, que no lograrían dominar en cinco días letra y música. Pero todos afrontaron el empeño tragándose escrúpulos de conciencia porque había que vivir.

Venancio les deseó suerte cuando el regidor pulsó los timbres de apercibimiento. Descendió al foso de la orquesta donde el fiel Asenjo concordaba en *la* con los instrumentos de viento y cuerda. Alentado por los aplausos de una clac anémica se encaramó al podio, golpeó el atril con la batuta y reprimiendo un escalofrío de desaliento ante la amenaza de fracaso después de tantas

contrariedades vencidas, ya en la imposibilidad de recti
ficar concitó, con los brazos en cruz y la cabeza gacha,
desvalido chivo expiatorio, la atención de un cónclave
flagelado por los siseos de los intransigentes.

2

Absorto e inmóvil, con los brazos en cruz y la cabeza
gacha, en el ademán de solicitar el concurso de los profesores de la orquesta, permanecía Venancio en la es
tatua que se levantó a su muerte en el jardín del asilo.

Había captado el escultor la arrogancia del mejor
Venancio, el de sus días de gloria; no el patético extravío de sus meses postreros, cuando creía escuchar música suya en la radio y ensayaba el mismo gesto de di-
rigirla desde el sillón de mimbre de casa de Dora, adonde acudió a recibir los cuidados que la familia de su
suegro no juzgó discreto dispensarle una vez separado
el matrimonio.

Pésimamente jaleado por la prensa y fusilado por los
actores, el sainete naufragó la noche del estreno. Para
impulsar el crédito profesional y la tambaleante eco-
nomía de Venancio, Asenjo promovió una función a
beneficio del maestro en la que se interpretarían números escogidos de su vasta obra. En ella participó desin-
teresadamente Dora, la antigua bailarina del Teatro de
la Cruz, que se había orientado con éxito por el terreno
del folklore nacional.

Acabada la representación de homenaje, Venancio
sufrió una hemiplejía que le llevó a la tumba en seis
meses. De su rostro, consumido por el imparable avance
de la arteriosclerosis, quedaba constancia en las fotografías del álbum que Dora repasaba al año de su muerte
mientras acechaba por la ventana del cuarto de estar
del asilo si la visita anunciada cruzaba el jardín bordeando la estatua de Venancio.

Sentada a la mesa camilla y sin la compañía habitual
de los actores retirados, que paseaban por las inmediaciones aprovechando las caricias de un sol otoñal, se
había puesto el traje de las solemnidades, ese vestido

largo de terciopelo lila con el que amortajó a Venancio. Ceñía su cintura el cordón de Esclava y sobre su pecho de diosa reposaba la miniatura de la bailarina de «Hurgar con ruego» pintada por Mogascio.

Venancio le regaló el medallón cuando supo lo que cobraría por la función de homenaje. El empresario Benavides le espetó la cifra, en cordial telefonazo, días antes de personarse a hacerla efectiva en una sobremesa de noviembre. En salto de cama le abrió la puerta Dora, ya que con Venancio de huésped, no disponía ni de un minuto libre para arreglarse. Salaz y rumboso, Benavides fue deslizando por el escote de la mujer, uno a uno y bien doblados, los billetes ganados por el que tan grave de salud estaba, según Dora, que ya no hablaba de dinero en su perpetuo delirio sino de un clarinete que perdió de mozo, recién llegado a la capital.

Sonó el teléfono y Dora introdujo al empresario en la habitación del enfermo mientras atendía la llamada. A ciegas avanzó Benavides y, como no tuvo eco su salutación, prefirió no importunar al durmiente. Excitado por el contacto con la mujer y la expectativa de gozarla, se masturbó oyendo su voz. Ya descargado, la deliciosa fatiga y la atmósfera de sosiego, le invitaron a sestear.

Seguía conversando Dora cuando despertó sobresaltado. En lugar de dormirse en el sillón de cabecera, lo había hecho en la cama de Venancio. Al incorporarse, rozó la cara del músico. Para su extrañeza, la notó fría. Auscultó el pecho y observó que no respiraba. Despidiéndose a la francesa, corrió a su domicilio aterrado de que se confirmase el pronóstico que los periódicos publicaron a las veinticuatro horas con alarde tipográfico.

Esa misma noche del mes de difuntos y ante Venancio de cuerpo presente, sospechó Dora que la muerte le rondaba. Con arrebato andaluz, juró tomar hábito de penitencia y refugiarse del infortunio en el edificio fundado hace siglos por los marqueses de*** que sus accionistas destinaron a residencia de actores veteranos tras desahuciar a los inquilinos del inmueble.

EN SU nuevo hogar, Dora reanudó amistades lejanas y cultivó otras cuando al atardecer se reunían los jubilados en torno al piano de Asenjo, aquel violinista precoz con el que la bailarina, Chueca y Venancio formaban tertulia en el Café del Vapor.

Dora cantaba para sus compañeros romanzas del compositor cuya estatua se erigía en el jardín y relataba anécdotas de la juventud del músico que, por haberla compartido con sincera camaradería, recordaba con agrado. Silenciaba, en cambio, los últimos momentos de Venancio que tan cerca siguió, no fuera a divulgarse el episodio de Benavides enterrando en su escote unos dineros.

Temblaba desde que se le comunicó que un periodista se acercaría esa tarde al asilo a recoger sus impresiones al año del fallecimiento de Venancio. Temía incurrir en un desliz que aprovecharan los herederos del compositor para difamarla.

Estaba, además, incómoda con su aspecto: Rosa le había plantado el moño en la nuca, al uso taurino, aduciendo su experiencia de peinadora en casas bien. Pero a Dora le gustaba alto y prieto, para hincar la peineta.

Intentaba remediar el desaguisado mientras esperaba al periodista en el cuarto de estar cuando un profesional de la información o del crimen, con camelia en el ojal, dentadura postiza y gabán harapiento, le sorprendió con las manos en el cogote y abombando el tetamen. Viéndole sin pistola, Dora se tranquilizó. El desconocido tosía con estrépito y pataleaba para entrar en calor.

—Se queda uno pajarito en esta choza —exclamó malhumorado.

Y de repente, sin ningún miramiento ni previo aviso, cual reportero de raza o ratero de baja estofa, el hombre alargó su derecha al busto de Dora, asió el relicario con la imagen de la bailarina de «Hurgar con ruego» y se la llevó a los ojos. Arrastrada hacia el impulsivo por la cadena del medallón, lo mismo que el can de la correa de su dueño, Dora se preparó a lo peor. Mas el verdugo, embelesado en la miniatura, demoraba la ejecución de sus designios con crueldad de sátiro y, sin apartarse de su rostro, la ponía perdida de babas y estornudos.

Daría fin a su tormento una voz procedente del corredor de frías baldosas. Sagrario, la monja directora del asilo que fue actriz en el mundo, venía riñendo a Amós por apostarse lascivamente en los lavabos de caballeros. Al penetrar en el cuarto, zanjó su filípica y, como de costumbre, aulló en el oído de Dora:

—Morir habemos.

—Ya lo sabemos —repuso Dora amenazándola con el álbum de fotos.

Osciló entonces el medallón en su pecho sin que nadie lo retuviera. Asombrada del milagro, miró a su alrededor. La rodeaban los ancianos, de vuelta ya del paseo, y un caballero elegantísimo que se inclinaba a besar su mano. Halagada, Dora lamentó que la mantilla no adornara sus hombros para equipararse en distinción al periodista. Éste, con permiso, ocupó el asiento del devoto de la miniatura al que poco después descubrió Dora sentado en el banco inmediato a la estatua de Venancio.

—Se va a congelar —susurró.

Muy educadamente, el periodista preguntó a Dora si tras una vida consagrada a la exaltación de la música española, como artista folklórica, disfrutaba de un retiro sin agobios económicos. Iba a contestar Dora con cautela cuando Encarna se entrometió para quejarse de las pensiones y Rosa comentó que la suya, de viudedad, apenas le bastaba para pagar el asilo.

—Los solteros como usted tienen más suerte —agregó la peluquera desnudando con la mirada al periodista.

—Pues no le cases al hombre —saltó Dora comida por los celos.

Rogó luego a sus compañeros que la dejasen sola con el entrevistador. Mas como ninguno se dio por aludido, después de varias interrupciones, el periodista expuso la finalidad de su visita:

—Señora, como presidente de la Asociación Joteros de Amposta, defensora de nuestra zarzuela, me honro en invitarla a los actos de homenaje al maestro Venancio.

—La peinaré tan guapa como hoy —exclamó Rosa alardeando de sus habilidades.

El periodista retuvo la mano de la peluquera:

—Tengo la seguridad de haberla visto antes. Me llamo Melchor.

Rosa no pudo reprimir un grito. Por debajo de la mesa, Dora le había alcanzado la espinilla de un puntapié.

4

Acosado por Asenjo, que reclamaba intervenir en el homenaje a su amigo y colaborador zarzuelero, Melchor salió al jardín, se dirigió a la estatua de Venancio, zarandeó al tipo del gabán con mugre que dormía en el banco hecho un carámbano y se alejó sin contestar al saludo de los que le despedían fervorosos.

Dora corrió el visillo de la ventana, feliz del descubrimiento: no era un atracador el que intempestivamente desembocó en el cuarto de estar sino un colega de Melchor, bohemio como todos ellos, que pretendía pisarle la entrevista. Para cerciorarse, consultó los horóscopos de Nieves, la costurera del canario piante, que le confirmó sus intuiciones.

Superando los resquemores a los familiares de Venancio, pues no sería invitada a la fiesta que organizaban si proyectaban empapelarla, dispuso su traje de terciopelo lila y, al día siguiente, partió en el Hispano-Suiza de Melchor, más contenta que unas castañuelas.

A cambio de oficiar de celestina entre Dora y Melchor, había conseguido de la peluquera que le situara arriba el moño. Sobre él, Nieves clavó la peineta de la mantilla como quien entierra una espada. Sagrario la ungió de incienso, el ancianito capellán del asilo la confesó y Asenjo la acompañó hasta la puerta con recomendaciones para los músicos que asistieran a la conmemoración.

Calzada con finísimos zapatitos que le prestó Encarna, desmontó del vehículo a las afueras de la capital, donde Venancio abrió los ojos a la vida. Desequilibrada por el pavimento empedrado y aturdida por el pasodoble de una charanga, anduvo hasta la Casa del Pueblo donde el ayuntamiento había previsto celebrar los actos. En el camino hacia el teatro, engalanado con pámpanos y tomillo, vio zagalas y rabadanes, arrieros y lagarteranas. Maruxa abrazaba a su ovejita al pie de un sauce llorón y en el tórrido sembrado cantaban segadores y espigadoras. El grupo local de intérpretes aficionados representó el entremés de la yegua coqueta y bailó las coplas de la repompolluda.

Cuando regresaban a Madrid después de inaugurar una placa alusiva a la efemérides en el casón natal de Venancio, Dora comentó extrañada:

—Creí que en ese pueblo sólo había caballos.

Melancólica sonrisa ensanchó los labios de Melchor.

—Cualquier tiempo pasado es preferible. Hoy, amiga mía, somos la reserva de Occidente.

Y con veinte siglos de pesimismo filosófico en su privilegiada sesera, añadió mientras el coche ganaba la llanura de Castilla:

—Vivimos la época de la bestia bípeda.

Para consolarle, Dora suplicó aparcase en un pegujal, junto a olmo hendido por el rayo y, con enigmático mohín, le entregó un obsequio de Rosa. Melchor rasgó un sobre azul con corazoncitos dibujados en tinta china verde y extrajo una liga esmaltada por una violeta minúscula. Hipando dulcemente, Melchor se abalanzó sobre Dora, hurgó en su pecho encorsetado y retiró las manos antes de que reaccionara la mujer.

—Tiene usted un corazón de oro —alabó.

Por la memoria de Dora desfiló Benavides utilizando su escote de caja de caudales. Y contentísima de birlarle el novio a Rosa, justificó su pasividad:

—Nada niego al público que me quiere.

Recargando la suerte, se interesó por el compañero de Melchor en las tareas periodísticas que, enamorado de su medallón, tal vez se aficionara a su palmito con el tiempo. Tardó en adivinar Melchor que Dora se refería al desastrado que visitó con él el asilo.

—No es colega sino compromiso —aclaró, hostil.

142

Y apostilló secamente—: El día que estire la pata, descansaremos.

Dora atribuyó el desprecio a celos y, para no ser menos, habló pestes de Rosa, una pupilera que se acostaba con el primer huésped que se lo pedía.

—¿No fue camarera de la marquesa? —preguntó Melchor.

—Siempre intervino en papeles secundarios —precisó Dora—. Quizá de joven soñó con ser figura. Pero la realidad acaba bajando los humos a los mediocres.

5

DORA volvió con jaqueca de la recepción vespertina en homenaje a Venancio. Como no tenía ganas de hablar, Nieves trasladó sus peripecias —románticamente embellecidas— a los contertulios jubilados mientras se pagaba la pensión y el alpiste de su canario cosiendo para las monjas encargadas del asilo.

El auditorio se prendó en seguida de la narración de la costurera, portavoz de Dora, que cruzó Madrid en el Hispano-Suiza de Melchor y recaló a orillas del Manzanares, ese arroyo de pomposo nombre mas de avaro curso al que se aludía en «Hurgar con ruego».

En las inmediaciones se alzaba un edificio solitario, descuidado y grandote, que palacio de otro tiempo parecía. Subiendo la escalera de mármol que se iniciaba en el vestíbulo, Melchor y Dora accedieron a una salita donde un conserje ministerial les guió, a través de un largo pasillo decorado con escenas de caza, hasta una puerta revestida de cortina.

Con graciosa reverencia, el funcionario recogió las invitaciones que le tendió Melchor. Éste apartó el cortinaje con infinito mimo. Hechizados por las dimensiones de la llanura que acababan de recorrer, no dejaron de extasiarse por el dilatado espacio que se les mostraba. Experimentaban la misma sensación del personaje músico de «Hurgar con ruego» cuando franquea el salón luminoso de la marquesa.

Pisando mullida superficie de alfombras de la Real Fábrica, Melchor y Dora llegaron a las primeras filas de butacas. Enfrente, el periodista Emeterio disertaba sobre su malogrado yerno Venancio, cuyo busto en bronce, copia del exhibido en el jardín del asilo, reposaba encima del piano instalado a la izquierda del conferenciante.

Terminó la charla, se apagó la lamparita que ayudó a descifrar las cuartillas y potentes focos bañaron el escenario. Precedida de un sanbernardo sonámbulo, color café con leche, la viuda del maestro, la flaca Emeteria, se sentó al teclado. Sonó el bolero escrito por su esposo y a la derecha de los espectadores enternecidos por esta propina inesperada, avanzaron dos muchachitas en pololos que bailaron la composición con repiqueteo de castañuelas. Eran las hijas gemelas de Venancio, ya en edad de merecer, que de este modo expresaban su respeto al mundo sentimental de sus mayores.

Los contertulios del cuarto de estar sintieron un nudo en la garganta: según la descripción de Nieves, esa velada académica había transcurrido en el antiguo palacio de los marqueses de***, que sus propietarios vendieron al Estado cuando acabó la guerra de Cuba. Venancio frecuentó esas estancias acompañado del mosén —bien lo recordaba el anciano capellán del asilo—, que ingresó al joven artista en la fundación cultural que los mismos marqueses erigieron en terrenos donde ahora unos actores veteranos añoraban sus fastos.

Con la solemnidad que el momento requería, Asenjo se colocó al piano. Rápidamente retiraron todos mesas y sillas para despejar la pista. La costurera Nieves aplazó sus encargos. La peluquera Rosa se ajustó el corpiño. Y adelantándose ambas al centro del círculo con la misma gallardía de las camareras de la marquesa que aspiraban a ser retratadas por Mogascio, bailaron esa danza del bolero con la que Dora electrizó al marqués demócrata.

Dora reconstruía esa historia de amores frustrados entre la bailarina y el aristócrata que interpretó en su juventud, cuando una coincidencia la estremeció: el tipo embelesado en la miniatura que llegó al asilo con Melchor, se hallaba entre los mirones llevando el compás con el pie.

MENTALMENTE se pasó revista y, como salvó el examen, acarició la perspectiva de camelar al reportero para salir retratada en los papeles. Pero el hombre del gabán fétido no se lanzaba al abordaje. Quizá su convivencia neurótica con la noticia olorosa a imprenta le impedía desenvolverse a sus anchas en aquel mundo decadente.

Adivinando su incomodidad, Dora juntó los dedos para que no huyera del cuarto de estar como el día anterior. Temblando como una estrella por no lucir en su pecho el medallón que le regaló Venancio, se acercó a ofrecerle su mano. Pero el hombre ni se la besó porque Rosa, tan entrometida como siempre, se cruzó preguntándole por Melchor.

—Mal rayo le parta —dijo broncamente el interpelado.

Bastaron estas palabras —que desconcertaron profundamente a Rosa— para que Dora anhelara saber de él por qué su conocido Melchor, que tan lenguaraz y cariñoso se manifestó en el automóvil durante la excursión al pueblo natal de Venancio, cambió radicalmente de comportamiento desde que pisó los salones de palacio en la recepción vespertina.

Había terminado la danza de las gemelas, los espectadores se alzaban de las butacas para trasegar las bebidas y emparedados que un grupo de camareros portaba en magníficas fuentes y cuando Dora retenía en un pañuelo las lágrimas derramadas durante la representación —procurando que no se le corriera el rimmel—, se vio arrebatada del asiento por Melchor y guiada con férreo brazo hacia la viuda de Venancio, a la que acompañaba un galán maduro. Ambos tomaron el relevo de aquél y, apartándola de los invitados, la transportaron con igual precipitación a una dependencia aislada del gran edificio donde, derribada por desasimiento ajeno y cansancio propio en un puff verdeoliva, habría de sufrir Dora la mayor afrenta que puede tolerar una mujer decente.

Tras echar el pestillo a la puerta y desenvolverse en aquel recinto alfombrado como si estuviera en su casa, la flaca Emeteria exigió a Dora el dinero de la función en beneficio de su esposo que le fue entregado en prenda —y en zona demasiado íntima para ser desvelada en público—. No le movía a reclamárselo un interés egoísta sino la necesidad de alimentar a sus hijas. Por ellas era capaz de atizar una campaña de prensa contra Dora en el periódico de su padre, remover Roma con Santiago para expulsarla del asilo y, pese a su edad, encerrarla entre rejas.

Por si Dora guardaba pruebas de su delito, Emeteria se entretuvo en manosear su escote mientras fingía admirar el relicario con la imagen de la heroína de «Hurgar con ruego». Defraudada en sus pesquisas, se apropió del medallón y ante la mirada atónita de Dora sentenció:

—Será tuyo cuando me pagues.

Dora se incorporó desafiante:

—El medallón es mío.

La faz de Emeteria centelleó de ira:

—Tú solo tienes largas las uñas.

Dispuesta a recuperar el broche, Dora cambió de tono:

—Démelo —suplicó—. Es un recuerdo de su marido.

—Razón de más para que no te lo devuelva —contestó Emeteria cruzando una mirada de inteligencia con su galán.

—No me importan sus desdenes —afirmó Dora con desparpajo— porque tengo admiradores en toda España.

Arrojada sin contemplaciones a la calle por el galán de Emeteria, Dora se encaminó al asilo. Más que el incidente con la mujer de Venancio y la pérdida del medallón, le dolía la deslealtad de Melchor que, rodeándola de halagos, la introdujo en la guarida del enemigo por orden seguramente de sus verdugos.

Esta doblez de carácter, inadvertida por la pánfila Rosa, había debido experimentarla también quien le descalificaba con frase lapidaria, ese hombre friolero de gabán raído que Melchor trajo al asilo. Y para confirmar o desmentir sus sospechas, le sacó al jardín y, sentándose con él en el banco frontero a la estatua de Venancio, le propuso conversar.

EN ESE rinconcito de su predilección, donde daba de comer a las palomas que merodeaban por la estatua, habló Dora de los últimos meses de su amigo de juventud. Quería desvirtuar las falsedades que propalarían los que, cuando enfermó Venancio, le dejaron tirado como una colilla. Tuvo que ser ella, en vez de su familia legítima, la que le abriera su casa arrostrando la maledicencia de los vecinos. Pero no veía justo abandonar a su negra suerte a quien le confió el papel protagonista de su primera zarzuela. Los favores se retribuyen y de desagradecidos rebosa el infierno.

El infeliz le llegó sin fuerzas y hundido por los sinsabores, listo para meterse en la cama y no volver a vestirse. Ella le concedió la mejor habitación de la vivienda, cada dos por tres le mudaba las sábanas y no le regateó caprichitos ni golosinas. A mediodía le acomodaba en el sillón de mimbre a tomar el sol, con una mantita en las piernas. Para que se entretuviera le enchufaba la radio, pero con ello el desventurado rabiaba lo indecible: si daban música, porque no era la suya y, cuando lo era, porque se moriría antes de cobrar la difusión.

Le amargaba saberse olvidado y sin recursos después de haber gozado de fama y fortuna. Desde que le birlaron su clarinete de joven, siempre se apropió alguien del fruto de su trabajo. Por eso, aunque ganó mucho, terminó sus días más pobre que una rata. De no ser por ella, habría pedido limosna para medicinas porque los suyos, ni recuerdos mandaron. Ni siquiera se interesaron por su salud. El empresario del Teatro de la Cruz se aprestó a socorrerle, pero con tanto retraso que le sufragó el entierro. Por él supo la familia su muerte ya que Dora rehusó avisarles después de cómo se habían portado. Ella solita lavó y peinó al cadáver y le amortajó para que luciera expuesto en la Sociedad de Autores. Y en premio a sus afanes, le prohibieron velarle.

Por amor a Venancio, Dora estaba dispuesta a perdonar todo. Pero cuando comprobó el día del homenaje que, en vez de gratitud, recibía odio de los familiares, se propuso desenmascarar públicamente a esa panda de hienas que rebañaban hasta la última peseta del que en vano imploró su caridad.

—No será en el periódico de Emeterio —oyó rezongar Dora a su acompañante.

Desconcertada al no haber previsto esta contrariedad, Dora porfió retocándose el moño: urgía denunciar la infamia de esos desalmados en los medios de comunicación, ningún periodista de raza le negaba una entrevista a la Dora de rompe y rasga. Mas como su acompañante no pareciera propicio, pues sólo se dedicaba a maldecir el relente, amenazó con recurrir a Melchor para que escribiese el reportaje.

Al proferirse este nombre, el tipo se arrancó la camelia del gabán y muy exasperado afirmó que ni él ni Melchor eran periodistas. Si Melchor se lo hizo creer fue porque, presentándose como abogado de los herederos de Venancio, no hubiera logrado conducirla ante Emeteria.

—Y más le vale callarse la boca —añadió—, porque el padre de Emeteria es el dueño del asilo.

Presa en una ratonera, Dora se echó a llorar. Nada aportó de momento el hombre para aliviar su pena. Pero al poco, y en tono más calmado, agregó por si le servía de consuelo que no era ella la única burlada por los propietarios del asilo. Esa tarde en que Dora portaba un relicario sobre su pecho, él no acudió hasta allí a conseguir una exclusiva periodística. Él venía atraído por el señuelo de que una actriz ya retirada, la que Dora lucía en el medallón, le firmaría un autógrafo. Y cuando encandilado traspasó estos muros, supo que su mujer había decidido encerrarle en ellos y contraer matrimonio con Melchor, que tramitaba su demanda de divorcio.

8

EL HOMBRE conoció la penosa revelación en el despacho de la directora del asilo. Sagrario improvisó una oración a la Abogada de los Imposibles para relajar los crispados ánimos. Él pegó un portazo y salió al corredor de frías baldosas.

No extrañaba el sitio ni le pillaba de sorpresa la noticia. En otro tiempo había escogido de estos parajes huyendo de la conducta adúltera de su consorte. Mas ahora que le obligaban a permanecer en ellos, sólo atenuaba su pesar la ilusión de encontrarse con la Dora de rompe y rasga.

Al hombre siempre le interesaron las mujeres y esta constante de su psicología explicaba, en su opinión, las infidelidades de su cónyuge. Ambos esposos, ciertamente, no congeniaban. Pero a un artista de su talla —justificaba el interlocutor de Dora—, debían consentírsele esparcimientos vedados a los demás mortales.

Ya de chico exhibía esa planta y el contoneo que le hicieron célebre entre las damas y en los escenarios. Su padre le puso de nombre Marcos. Mas, por juncal y gallardo, le decía marquesico, como buen Jotero de Amposta. Así Marcos, como marqués bailarín para la farándula, paseó su palmito destrozando corazones hasta que su costilla se hartó.

Una noche en que tornaba de conquistar con su séquito de toreros y cantaores, gente del bronce y del cuerno, halló en su cama a Melchor que, vestido de toga y birrete, manejaba el Aranzadi con avidez tiquismiquis. Alegremente le preguntó Marcos en qué armario se escondía su mujer. Ella misma le respondió por detrás, dejándole sin sentido de un zapatazo en la nuca.

—¡Igual que en «Hurgar con ruego»! —se admiró Dora.

—Cuando recuperé el conocimiento estaba descalzo —continuó el hombre sin comentar la interrupción de Dora— y Melchor me extendía un contrato de condiciones leoninas.

Con escasa diplomacia, se le forzaba a elegir entre sus devaneos y el hogar. Marcos firmó el emplazamiento aunque, en su fuero interno, se comprometió a desobedecerlo discretamente.

Tal habilidad se dio que dulce sosiego se enseñoreó del matrimonio por unos meses. La mujer, que ignoraba la doble vida de Marcos, rogaba a la Abogada de los

Imposibles por la definitiva conversión de su marido, siguiendo los consejos de su director espiritual.

—Como la marquesa y el mosén —certificó Dora.

—Efectivamente —asintió Marcos desolado—. Dios los cría y ellos se juntan.

Todos los jueves abría sus salones la esposa de Marcos. El cura, aceptable flautista y ella, argentino timbre, formaban melódico dúo ante Melchor, legendario zote. Con evasivas diversas se marginaba de las sesiones al amo de la casa —aunque como bailarín de fuste habría contribuido brillantemente al éxito de las mismas— porque entre mistelas y jícaras de chocolate, el cura y el abogado informaban a la mujer de los escarceos de su marido.

Cuando los cargos acumulados contra el licencioso —ajeno al espionaje que le asediaba— desbordaron la paciencia de la esposa, Marcos recibió zapatazos en vez del débito conyugal y se le privó de calzado para que no alternase con la chusma. Pero Marcos, aun descalzo, perseveró con tenacidad de asceta en sus costumbres eróticas porque su figura gitana no se doblegaba a requerimientos coactivos.

La esposa, desalentada por la ineficacia de sus reprimendas, entregó su cuerpo gentil al abogado inepto para la música. Y el sacerdote, queriendo consolarse de las pesadas servidumbres de su ministerio, se encariñó con un mocetón rústico, de peregrino talento zarzuelero.

—¡El maestro Venancio! —proclamó Dora, encantada de adivinar el acertijo.

Completamente olvidada de sus aflicciones, Dora enlazó la retahíla del zarrapastroso con la que escuchó a Venancio postrado en el sillón de mimbre de su casa respecto a un bailarín majareta que compartió su habitación cuando vino a Madrid, un pícaro camorrista y borrachuzo que se decía marqués. Lazarillo de su despiste provinciano, este marqués —que inspiraría al músico el personaje de «Hurgar con ruego»— paseó a Venancio por la Corte, le invitó a festines de candil y con la cuadrilla de taurinos y flamencas que pilotaba, le ayudó a ganarse unas perras tocando el clarinete.

—El maestro Venancio hablaba de este hombre como si estuviera vivo —concluyó Dora.

EL VETERANO actor Román —habitual intérprete del militar homónimo en las zarzuelas de Venancio— se encargaba de repartir la correspondencia en el asilo para quedarse con los sellos. Tenía varios álbumes que escrutaba con un cuentahilos mientras Dora cantaba en las tertulias vespertinas. Román había dispuesto que a su muerte hicieran llegar la colección a su hermano, un pipero del Retiro al que un tranvía segó la pierna izquierda.

Rosa recibió de Román un sobre sin remite. En su perfumado interior, con caligrafía picuda, Melchor le suplicaba una cita. Y para indicar el carácter del encuentro, dibujaba con la misma tinta china verde la liga que ella le había enviado.

Tan descotada asistió Rosa a la entrevista que la monja Sagrario se encerró esa tarde en la capilla del asilo, con Amós y el sacerdote, a consolar a la Abogada de los Imposibles por los pecados de lujuria. Con permiso para orinar, Amós se evadió al tercer rosario y, ya en los lavabos de caballeros, acechó la entrada de Asenjo que, por cegato, resultaba presa fácil. Pero en lugar del pianista, acudió Román a cambiar el agua al canario. Amós, temeroso del brusco temperamento de este hombre—pues ya por un amago inocente le tuvo una vez en cuclillas durante tres horas—, se abrochó el pantalón y, silbando un cuplé, salió al corredor de frías baldosas, donde distinguió el sonido del piano.

Proyectaba encaminarse al cuarto de estar a solazarse con su víctima predilecta, pero una conversación animada tensó sus reflejos de bestia perseguida. Dora y el nuevo inquilino del asilo, procedentes del jardín donde solían demorarse en este tiempo invernal más de lo que aconsejaba el médico, subían hacia los dormitorios charlando de palacios y aristócratas.

Amós determinó seguirles a su escondite, seducido por el ambiente de distinción que la pareja pintaba. Sus espiados se introdujeron en la habitación del hombre.

Poseer un cuarto en exclusiva era injusto privilegio del recién llegado, ya que los demás miembros del asilo compartían salas colectivas.

Amós aplicó el ojo a la cerradura y los oídos a la puerta. Sentada honestamente en un sofá, Dora aguardaba una resolución de su acompañante que revolvía maletas farfullando jerga incomprensible. Al fin cesó éste en sus investigaciones y, estornudando, se situó de cara a la mujer. Amós, al tenerle de espaldas, imaginó en adelante lo que no podía presenciar.

Por el movimiento de los brazos, Amós conjeturó que el hombre entreabría su gabán a la mujer.

—Tócalo, si quieres —escuchó.

Y, para su angustia, Amós observó que Dora inclinaba morosamente sus labios a lo que el hombre le mostraba.

Macerándose los testículos por la licenciosa escena sugerida, Amós huyó a la capilla que jamás debió haber abandonado, porque cuando descendía al piso inferior, arrolló a quien caminaba a oscuras en dirección contraria. Del suelo les alzaron sin aparentes contusiones los contertulios melómanos, convocados por las voces de Rosa contra quien la violaba.

Amós volvió a recitar letanías al lado del capellán y de Sagrario. Rosa entró con Nieves en el lavabo de señoras y, recomponiéndose el escote, manifestó ufana que Melchor se le había declarado. Estaba enamorado de ella desde que la vio interpretar a la peinadora de la marquesa en la zarzuela romántica de Venancio. Para un hombre como él, tan parecido al petimetre liberal que en la ficción es su amante, era la mujer soñada. ¿Querría concederle su mano en este último tramo de la vida, ser su compañera en la dicha y en la adversidad y cerrarle los ojos cuando Dios le llamase a su gloria?

No le pedía contestación inmediata. Habría ella de recapacitar a solas, sin fiarse de Dora, enemiga mortal de Rosa, ni del tipejo friolero, que decía pestes de él. Y encomendándose a su recto juicio, Melchor se despidió de Rosa con una reverencia, dejándola hecha mieles, más azorada que un flan y tierna como el pan de Viena.

10

TAN DULCE como los bartolillos de La Suiza era la escena simultánea entre Marcos y Dora. Había retrasado exhibir el hombre lo que siempre ocultó con justificado recelo, pero la impaciencia de la mujer por desvelarlo le impidió prolongar los preparativos. Por ello, armándose de valor, se retiró a un rincón y, de espaldas a Dora, desenfundó el instrumento.

Aliviado de hallarlo en buena forma pese al natural desgaste, lo cubrió con el gabán de prematuras decepciones. Temblando como un principiante, se aproximó a la mujer y, sin tenerlas todas consigo, se lo mostró al fin.

Dora reaccionó extasiada. Pero, con timidez de novicia, se limitó a contemplarlo, sin atreverse a acariciar la rígida superficie tersa, hasta que ardorosamente persuadida por el hombre, desterró prejuicios y, con el magnífico entusiasmo que tanto escandalizó a Amós, posó primero sus manos pecadoras y luego los inexpertos labios en el clarinete que Venancio extravió en la fundación de los marqueses de***.

Conmovida hasta los tuétanos, admiró la audacia de este hombre al retener contra viento y marea esa histórica reliquia buscada por los herederos de Venancio en almonedas y subastas. Solidaria, confesó guardar algunas prendas del músico que temía le arrebataran los que lo privaron del medallón.

Eufórico el hombre de encontrar un alma gemela que disculpaba con la nostalgia la rapiña, se remontó a sus años mozos para contar cómo llegó a su poder la famosa pieza de museo que con púdica originalidad le había enseñado.

En esta habitación ocupada ahora por los que añoraban a Venancio, coincidieron Marcos y el compositor. Aquella convivencia modélica registrada en «Hurgar con ruego», donde hasta la cama se compartía, hubo de disolverse cuando el éxito encaramó a Venancio al círculo social del que renegaba Marcos. Éste no se habría perdonado frenar la carrera de su camarada con extorsiones afectivas. Pero en venganza a gentes como su esposa, Melchor o el mosén, propietarias de cuadras de caballos mas no de bibliotecas, que acogían a Venancio para decorar unas tertulias de las que él era alejado por bailar con los menesterosos, juró que el clarinete de su compañero no halagaría los oídos de estos explotadores lerdos, pues sólo merecía conservarlo quien se esforzó en orientar al compositor por rumbos opuestos a los patrocinados por sus mecenas.

Fue en aquel Teatro de la Cruz al que por las noches le conducían Marcos y su séquito, donde decidió Venancio abandonar la música señorial y consagrarse a la zarzuela. Actuaba de telonera una bailarina que elevaba los brazos al cielo como pidiendo clemencia por haber nacido hermosa. Viéndola contonearse sobre el palenque entre palmas farrucas, sucumbió Venancio al influjo de esa espontaneidad popular que guiaría su vocación de compositor.

Mas donde ganaba un músico el pentagrama castizo, perdía la aristocracia a uno de sus miembros. Víctima del mal de amores, el camarada de Venancio abjuraba definitivamente de su clan. «Hurgar con ruego» reflejó la voraz pasión del marqués demócrata por la bailarina del pueblo. Pero al divulgar Venancio esta experiencia de su amigo, rendía un flaco servicio a quien le inspiró el argumento de su pieza. Aireada sobre las tablas la aspiración del aristócrata, quedaba condenado éste a no satisfacerla de por vida. Si en la obra de Venancio se desdeñaban las pretensiones del marqués, también la realidad rechazaba como auténtico un sentimiento de zarzuela.

Muchos años reservó el aristócrata esa vehemencia que encalabrinaba su corazón. Mas, cuando cornudo y desheredado por su perverso linaje, supo que idénticos verdugos se ensañaban con la artista folklórica, osó sacar de su escondite el clarinete de Venancio y de su alma atormentada la historia de su amor secreto. Ya hermanos en el dolor la bailarina y el marqués, tal vez ella accediera a proporcionar al disidente de una estirpe maldita esa ilusión de rehabilitarse que ansiaba desde que la conoció.

11

A PUNTO de culminar su travesía, el peregrino se descalzó y mientras aguardaba sentencia de la mujer no pudo evitar que sus ojos se humedecieran. Fraternalmente, su nariz comenzó a destilar, se contagiaron garganta y pulmones, la caña añorante de su esqueleto vibró conmovida y, entre toses y estornudos, avanzó al sofá reclamando auxilios homeopáticos a la señora de sus pensamientos.

Para no delatar sus emociones, Dora voló a los aseos donde halló de palique a Rosa y Nieves y regresó al cuarto con un vaso de agua que aplacó la zozobra del náufrago. Más calmado el hombre, se sentó junto a él y, antes de responderle cumplidamente, se toquiteó el moño y retorció muchas veces el pañuelo de mano.

Empezó advirtiéndole Dora que una mujer desconfiada como ella jamás le hubiera identificado con el marqués de «Hurgar con ruego» de no mostrarle el clarinete de Venancio, pues más que protector de los desvalidos parecía necesitado de ayuda. Emplazada a creer, sin embargo, en la sinceridad de un sentimiento que ella sólo había conocido en el escenario de labios de un galán actor, se veía obligada a examinar si el cariño del marqués hacia su persona no procedía tanto de una larga pasión contrariada como de la gratitud que inspiraban sus desvelos de enfermera con Venancio, ya que ambos compartían culto por el amigo fallecido y sus pertenencias.

Ella sospechaba que al narrarle su odisea con los herederos del compositor había brotado en Marcos ese impulso de solidaridad con los desfavorecidos que también sentía el marqués de «Hurgar con ruego». Por esta predisposición samaritana, suponía Dora que su compañero del asilo trataba de construir una piadosa mentira para consolarla de pesares.

Dora no ignoraba este procedimiento porque lo utilizó con Venancio. Desde que le acogió en su casa, se esforzó en convencerle de que no se iba a morir. Estaba tan consumido por las privaciones que le alzaba en sus brazos como una pluma. Pero cuando le transportaba al sillón de mimbre se quejaba de su peso para ilusionarle con la perspectiva de que recuperaba salud, ya que en los enfermos hay bastante de aprensión. Él, en cambio, obstinado en su certeza, entendía el paripé de Dora como repugnancia a moverle de la cama y mudarle de sábanas porque en ellas se hacía sus necesidades.

De este modo transcurría su convivencia, recibiendo con recelo al que se conducía por amor, hasta que Venancio se plantó. Había resuelto marcharse a un hospital porque no soportaba que le mantuvieran de balde. Ella contestó sin pestañear que cobraba de su familia por atenderle. Mucho debió extrañar a Venancio esta novedad por la cara que puso. Pero no replicó y, al cabo de un rato, pidió a Dora que le acercara un estuche de su mesilla.

—Te lo mereces —dijo entregándole el medallón—, porque no sé de nadie que interprete mejor su papel.

Tragándose las lágrimas que le afluían al revivir la escena y sofocando la rabia por el robo del medallón, Dora recalcó al anciano que le transmitía esta frase de Venancio en prevención de que su pasión hacia ella surgiera de un equívoco deliberado. No osaría darle calabazas pero si tras estas recomendaciones persistía en sus trece y no se arrepentía de haberla elegido como compañera en lo que les restase de vida, le anticipaba que se comportaría con él de igual modo que con Venancio, conforme le enseñaron de niña y acreditó de mayor en su álbum de fotos, encantada del honor que le dispensaba, ofreciéndose para lo que hubiere menester y sin esperar otra recompensa por sus servicios que la de ser pagada con la misma moneda.

Dora se enjugó el llanto con el pañuelo. Y con una serenidad que turbó a su interlocutor y maravilló a Román, testigo de la conversación al otro lado de la puerta, añadió: puestas las cartas sobre la mesa, si lealmente declaraba que fabricó una superchería para mitigar la tristeza de la actriz, evocando una zarzuela muy querida por los dos, aunque a la Dora de rompe y rasga le doliera el engaño, prefería haberse confundido de hombre a que él se equivocara de mujer.

ABRASADA de vehemencia liquidó su retahíla e, incapaz de esperar sentada el veredicto del hombre, midió la habitación con enérgicos pasos, oscilando las caderas, suspirando, retorciendo el pañuelo y enderezándose innecesariamente el moño.

Distante sonaba el piano de Asenjo con un motivo conocido que ella acompasaba automáticamente a sus andares. Y aunque a su lado tocase una potente orquesta, no habría dejado de percibir Dora el balbuceo de su compañero.

Temerosa de haberse excedido en franqueza, le escuchó carraspear. Creyó entender que vacilaba y se desmoralizó porque si el redentor de los oprimidos y marqués demócrata se reconocía impostor, se veía expulsada del asilo y pidiendo limosna por las calles.

Su pretendiente hipaba. Pero, con magnífica casta, se recuperó y, como si le prestase alas el piano de Asenjo, más puro de sonido a medida que la noche convocaba al silencio, ensanchó el tórax y, descalzo, corrió hacia la mujer entusiasmado:

—¡Eres la Dora del pueblo, la mujer que siempre amé!

Esta satisfacción de saberse protegida cuando más desvalida se hallaba enardeció de tal forma a Dora que respondió a su marqués cantando en la sintonía interpretada por Asenjo:

—¡Ay, marqués de mis antojos, cuántas espinas y abrojos sufriste por mí hasta hoy!

—Por bueno todo lo doy, si al fin a tu lado estoy —contestó Marcos tomándola de las manos en el centro de la habitación.

—Dime, marqués de mi alma —apremió Dora—, ¿hallarás al fin la calma recogiéndote a mi vera?

—Dorita de mi ceguera, lazarillo de estos ojos, postrado ante ti de hinojos, escúchame esta habanera.

Dicho y hecho, el hombre se arrodilló y sin soltar las manos de la bailarina, mantuvo el siguiente dúo:

—Tú, juncal y retrechera...

—Tú, postinero y galán...

—Serás siempre la primera...

—Mis brazos se te abrirán...

Y conforme prescribía el libreto de Andrés Niporesas que musicó Venancio, los protagonistas de «Hurgar
con ruego» se abrazaron. Mas no se prolongó demasiado
el momento que tanto había anhelado Marcos porque,
como mordido de tarántula, se desgajó de la dulce li-
gadura para trotar a un extremo de la estancia y desde
allí llevarse una mano a la frente, más abrumado por
una súbita contrariedad que pensativo.

—Lamento que mi pobreza no te aloje en un palacio
—recitó compungido.

—¿Será por falta de espacio? —saltó Dora indignada.
Y desplazándose hacia donde permanecía el abatido
Marcos, silabeó con fiereza en lenguaje llano:

—No me importan tus títulos, ni las ínfulas de los
tuyos, ni que seas cornudo, ni que estés desheredado.

Bajó la vista buscando más desgracias que endosarle
a su compañero y reparó entonces en sus pies desnudos.

—Sólo quiero que no pases frío, ¿te enteras?

Desarmado por el arranque de Dora, Marcos reinci-
dió en abrazarla mientras decía para sí:

—¡Qué tetas más prodigiosas!

Dora retuvo la mano febril del enamorado:

—Olvídate de esas cosas que más me importa tu
estado. ¡Dame tu pie, renegado, para ponerte el calzado!

Y cuando Dora, arrodillada, le calzaba, la puerta se
abrió vigorosamente y los contertulios del asilo penetraron en el cuarto aplaudiendo como orates.

—Son Joteros de Amposta —aclaró Marcos para tranquilizarla.

—¿Vienen a raptarme? —consultó la mujer, ya ple-
namente identificada con su heroína de la zarzuela.

Orlada de serpentinas y dichosísima, informaba Nieves que Román había espiado a los tortolitos y llegó
con el cuento a la reunión:

—Están cantando «Hurgar con ruego» en el piso de
arriba.

Asenjo, que interpretaba al piano el dúo compuesto
por Venancio, recomendó tranquilidad a los que ya se
precipitaban por el corredor de frías baldosas al aviso

del espectáculo. No sin firmeza se les contuvo y se acordó que invadirían la habitación cuando los enamorados concluyesen el número, igual que en las funciones de verdad.

Al margen del bullicio y de las palabras de Nieves, quedó Asenjo, fascinado por el clarinete de Venancio que mágicamente reposaba en el sofá. Con delicadeza lo examinó y con similar entusiasmo al de Dora se lo llevó a los labios para apuntar el principio musical de la boda entre la casquivana marquesa y el burlado cónyuge que, según la zarzuela, transcurría en esa habitación invadida por los ancianos actores.

Marcos miró a Dora cuando oyó las notas. Y embargado de nostalgia, requirió a su amada:

—¿Bailarás bolero?

No se hizo de rogar Dora. Y levantando al cielo sus brazos incomparables trató de imitar a la bailarina de su juventud mientras los contertulios Joteros tarareaban pianísimo el lema de la repompolluda.

Un áspero bofetón deslució el tierno homenaje. Sagrario, la directora del asilo, reprendía una caricia de Amós al virtuoso de Asenjo.

13

A LA mañana siguiente, Marcos apareció lujosamente ataviado, con chistera y botines. Lacónico, porque le dolía la boca, rogó a Dora que se vistiese como si fuera a representar «Hurgar con ruego», ya que le reservaba una sorpresa.

Dora no guardaba el traje de la función, pero se compuso igual que las manolas del Avapiés y, del brazo de su aristócrata renegado, salió a la calle.

Penetraron primero en el estudio fotográfico de Marie-Loup, la hija del artista Emmanuel, donde posaron para la posteridad agarrados de la mano. Después compraron en Casa Dotesio la partitura de «Hurgar con ruego». Y ya muy mermada la billetera de Marcos porque hubo que pagar en pesetas y no en reales, se refugiaron en la mesa del fondo de un bar. Marcos pidió un cafelito con sabor y Dora una palomita bien aguada que, pícaros, intercambiaron —ella, el recuelo; él, el licor— en cuanto el camarero se ausentó.

Marcos se retiró a los lavabos a desembarazarse de la dentadura que le llagaba las encías. A su regreso, se la confió a Dora, envuelta en un pañuelo. Luego abrió la partitura de la zarzuela y con el líquido derramado en el platillo como tinta simpática, dibujó sobre el mármol del velador el itinerario de su peregrinación amorosa por aquella ciudad de sus años mozos que Venancio trasladó a época goyesca en «Hurgar con ruego».

No se esforzó en describir la fundación creada por los marqueses de*** para formación de artistas, ya que el edificio dedicado actualmente a asilo de actores seguía conservando la estructura y el emplazamiento primitivos. Por el contrario, se guió escrupulosamente de la partitura de «Hurgar con ruego» para colocar en sus respectivos lugares la Cárcel de Corte, el convento de las Arrepentidas, la barbería de Amós, la plaza de toros y el recinto donde se celebraban bailes de candil, porque su fisonomía se había transformado.

Convenientemente orientados, revivieron en los puntos fijados en el plano las incidencias reseñadas en la zarzuela. Valiéndose de la partitura, Marcos tarareó la romanza de la cogida del torero en un bloque de casas militares y Dora susurró las coplas de los bandidos liberados por el marqués en una fábrica de gaseosas que hoy ocupaba el espacio de la antigua Cárcel de Corte.

Como la gente iba a lo suyo, no interfirió las excentricidades de los ancianos. Pero cuando se les ocurrió a éstos bailar bolero en el convento de las Arrepentidas —ya con otro nombre—, un clérigo furioso les expulsó de la iglesia.

Contrariados, descansaron en una plaza de las inmediaciones. Ni el paisaje de su juventud, ni el decorado de la zarzuela coincidían con lo que les rodeaba. De cuanto vivieron o interpretaron, únicamente permanecía el amor del caballero por la bailarina. Pero esta confabulación de las generaciones por eliminar sus orígenes, no conseguiría extirpar el dolor de la pasión no correspondida de Marcos. En cada una de las piedras remozadas persistía la huella y sólo con su muerte se extinguiría el recuerdo.

Había murmurado su retahíla entre salivazos. Exasperado, pidió la prótesis dental a Dora.

—Ese es el culpable —indicó.

Se refería a la estatua al impulsor de la urbe moderna que acabó con el poblado chispero exhumado por Venancio en «Hurgar con ruego».

Dora alzó la vista. Frente a ella, lucía su título el periódico del suegro de Venancio. No necesitaba girar la cabeza para saber que Asenjo y el compositor conversaban detrás, en el Café del Vapor, con su primer novio, el malogrado libretista de «Hurgar con ruego», Andrés Niporesas.

Desgarrada por el recuerdo del poeta fusilado, se acercó a contemplar la figura del indiano que desbarató las pretensiones democráticas del marqués bailarín. Y a medida que la memoria histórica implantaba sus fueros en la conciencia de Dora identificó en ese hijo que renegaba de la obra de su padre al galán maduro que escoltaba a Emeteria cuando se le robó su presente más querido: el medallón de Venancio.

14

CONFUNDIENDO la realidad con la zarzuela, sospechó Dora que Lucio, hijo y rival del marqués desclasado, se aliaba ahora con su enemiga, la flaca Emeteria, para hacerles la vida imposible. Temiendo ser sorprendida fuera del asilo, disuadió a Marcos de excursiones nostálgicas y, a la hora vespertina del paseo, acudían al sitio preferido de Dora, el banco más próximo a la estatua de Venancio donde ella daba de comer a las palomas.

Extremando su disposición cariñosa, Dora se levantaba cuando todos dormían, depositaba a la puerta de la habitación de Marcos el calzado abrillantado y las mudas que por la noche lavaba y planchaba y volvía a la cama sigilosa para no alertar infundios. En compensación, sobresalía cada mañana de su servilleta el ramito de esencia que su enamorado arrancaba del jardín antes de desayunar.

Aquella tarde inolvidable, Nieves despedía a la entrada del asilo a su hijo Manuel, un hombretón hecho

y derecho, ya con canas en los aladares que, vestido de
tuno, prometía visitarla después de las fiestas navide-
ñas e interpretar para todos los ancianos el pasacalle
de los chisperos. Escrupulosa con la cronología del be-
lén, Sagrario arrimaba los camellos de los Magos al por-
tal del Niño, mientras Encarna abandonaba la sacristía
con ropa de oficiar del capellán. De camino al lavadero,
Encarna se cruzó con Rosa y Nieves, que habían coin-
cidido en la puerta principal.

Rosa venía de almorzar con su pretendiente Melchor
'en su gran mansión del barrio de Salamanca. El abogado vivía sin familia, con un criado de mirada obscena
y modales zafios llamado Celestino, que removió tur-
bios recuerdos en la peluquera. Este sentimiento aciago
y la resistencia de Melchor a fijar fecha para la boda,
traían endemoniada a Rosa. Abría su alma a Nieves para
que, como pitonisa, le descifrase el porvenir a las cartas,
cuando divisó a Dora y Marcos, de palique junto a la
estatua de Venancio.

—Aquí hay tomate —susurró a la costurera señalando a la pareja.

Sería más explícita en el dormitorio femenino, una
vez sosegado el alboroto del canario que saludaba a Nieves con trinos dulcísimos. Mientras Rosa se cambiaba
la ropa de domingo por una bata cenicienta, demandó
consejo a la costurera ya que su felicidad dependía de
una aventura complejísima.

Devota de los asuntos de amor, Nieves dejó de bor-
dar el corazón traspasado por una flecha que regalaba
a la peluquera por su próximo enlace.

Muy quedo, a fin de que no se enterase la enferma
de la esquina, Rosa refirió que su novio le encomendaba
vigilar celosamente a Dora. Días atrás, Melchor la había
sorprendido de bracete con el nuevo inquilino por la
Puerta del Sol.

—¿Son adúlteros? —requirió ansiosamente Nieves.

—No todo en la vida es sexo —enfatizó, bíblica, la
escarmentada de entregar a la fornicación su cuerpo
sin recibir en contrapartida una palabra de matrimonio.

Melchor le había contado que la Dora de rompe y
rasga era cleptómana senil. Y su acompañante, un criado de casa de Emeteria al que sus amos recluían tem-

poralmente en la residencia de ancianos mientras pasaban las Navidades fuera.

—Pues canta divinamente —observó Nieves.

Melchor, que llevaba el pleito de Emeteria contra Dora por el robo de unas propiedades de Venancio, temía que el criado y la bailarina guardasen el fruto de su delito en alguna entidad de crédito. Para comprobarlo, les siguió en su recorrido por la ciudad pero nada cierto averiguó. Por ello recurría a Rosa, pues su convivencia con la pareja quizá le permitiera descubrirlos con las manos en la masa.

Impulsadas por el morbo detectivesco, Rosa y Nieves se apostaron en una ventana del corredor de frías baldosas, privilegiada atalaya para sorprender a los que charlaban junto a la estatua de Venancio.

15

OCULTADO el sol, el relente invadía el jardín. Estornudando, el marqués chispero maldecía su miseria porque, en vísperas de Reyes, no podía regalar unas castañuelas a su bailarina.

—Tú eres mi mayor fortuna —se le arrimó Dora.

Marcos oteó los alrededores. Pareciéndole propicia la ocasión porque no había testigos, desabrochó los botones delanteros del vestido de la anciana. Ésta le atrapó la mano.

—Te confesaré un secreto, ladronzuelo —bisbiseó Dora con la mirada encendida—. Melchor, la viuda de Venancio, todo Dios me busca en el pecho y ¿sabes por qué? Porque Benavides corrió la calumnia de que me escondía en el escote un dinero de Venancio.

—Mecachis tu pelo, Dora —rugió el hombre—. Demuéstramelo, si me quieres.

—Hurga sin empacho, ratero. ¿Crees que te engaño?

En tan dulce porfía, les sobresaltó una aparición surgida de las sombras.

—¿Hace frío, eh?

Igual que al mambís en la jungla cubana, Román sorprendía por la espalda a los enamorados. Y tan confuso como el ejército regular ante el inesperado ataque de la guerrilla quedó Román al ver a Dora en refajo.

Cuando la dama concluyó su atuendo, Román comunicó que Sagrario había convocado a los ancianos en el cuarto de estar.

Escoltados por el emisario, los amantes penetraron en el asilo. Todos les aguardaban ya, recordaría Dora revisando el álbum de fotos. Como en las pinturas naturalistas de Mogascio o en las instantáneas del fotógrafo Emmanuel, Asenjo posaba en el taburete del piano con lazo de pajarita al cuello; Nieves bordaba el corazón asaeteado por Cupido; Rosa rizaba el cabello de Amós y Encarna servía una taza de chocolatito espeso a Sagrario, que rezaba el misal en voz alta para que la oyese el capellán.

—Morir habemos —propuso Sagrario cerrando el misal.

—Ya lo sabemos —respondieron los contertulios de las sesiones melómanas.

Sagrario paladeó el chocolate y, tras chascar la lengua, les informó de lo que ya sabían los restantes huéspedes de la residencia: el inminente traslado de los inquilinos del asilo a una finca situada en las afueras de Madrid. El edificio actual había sido vendido al Estado por los accionistas al ser declarado éste conjunto histórico-artístico.

El nuevo albergue obedecía a las sugerencias de los expertos internacionales en *tercera-edad*. Mantenía, por tanto, el mobiliario del asilo, la orientación de los aposentos y los metros cuadrados de jardín. Sagrario suponía que los ancianos no extrañarían el desplazamiento, pues a cambio de una mayor contaminación de sus pulmones ya pachuchos, por hallarse el lugar en zona fabril, conservarían —igual que en la fundación— la ilusión de pertenecer a otra época al instalarse en una posada de cartón piedra, entre animales domésticos y ejemplares de cría caballar, como los que antaño dieron lustre a los marqueses de***.

Nadie trató de oponerse a una decisión inapelable. Sólo Dora preguntó por la ubicación en el futuro inmueble-granja de la estatua de Venancio.

—No se moverá de aquí —certificó la directora del

asilo—, para que la comunidad madrileña honre su memoria.

Como abatida por el rayo, la Dora de rompe y rasga se desplomó. Los ancianos se precipitaron a socorrerla. Dora se debatía convulsa, manifestando que no se marcharía de la fundación porque prefería la muerte a separarse del compositor que expiró en sus brazos.

Aparentando aflojarle el corsé, la peluquera Rosa le masajeó el busto por si hallaba indicios de lo que Melchor indagaba. Nieves lloraba enternecida por tan sublime explosión de amor. Sagrario aprovechó el escandalazo para tomar las de Villadiego.

Una propuesta de Marcos, aprobada por Asenjo, pacificó los espíritus: mañana, Epifanía del Señor, ofrecería un recital de baile castizo en homenaje a la obra de Venancio. Y besando los pálidos mofletes de su amada, añadió:

—Será mi regalo de Reyes.

16

ASENJO hacía escalas y Marcos ensayaba posiciones de baile cuando Dora apareció en el cuarto de estar. Apartada de la estatua de Venancio, que no quiso abandonar para dormir ni comer pese a la insistencia de sus compañeros, venía de mantilla sobre el traje de terciopelo lila, luciendo en la portada del álbum de fotos el corazón bordado por Nieves para Rosa y que la costurera había decidido regalárselo a la Dora de rompe y rasga puesto que la boda de la peluquera iba para largo.

Todos saludaron a la bailarina con mucho cariño. Sagrario, que no quería perderse el recital, agitó la campanilla de misa; Encarna frotó la cuchara sobre la botella de anís y Román batió el almirez. Amós colocó encima del piano la chistera de Marcos para quien quisiera sufragar con su donativo las intenciones del solista y sufrió un pescozón de Sagrario por acariciar furtivamente la mejilla de Asenjo.

Marcos solicitó silencio. Excusándose por hablar sin dientes, ofreció el concierto a quien le salvó con sus cuidados de un catarro crónico. Dora enjugó unas lágrimas en el pañuelo y Nieves aplaudió la conmovedora fineza.

Espesaba la noche los contornos del jardín y la estatua de Venancio cuando Asenjo prometió el pasacalle de Chueca. Al ritmo de la vibrante marcha, el desdentado anciano se contoneó como un soldadito en desfile de gala. Y a través del espacio y del tiempo, la sugestiva vehemencia de la nostalgia impulsó a los actores del asilo a representar antiguos papeles en el escenario de sus viejas glorias.

La imaginación les situó en la plaza del Café del Vapor, donde formaba un escuadrón de caballería. Encarna saludaba a su hijo Román, que se enderezaba el ros; Sagrario situaba en primera fila la silla de Rosarito; el mosén bendecía las tropas y del convento de las Arrepentidas salía la peluquera Rosa de celebrar su boda con Celestino.

Todo parecía una balsa de aceite hasta que el timbrazo de la puerta del asilo resonó en el cuarto de estar como un disparo. Nieves alzó los ojos de la labor de costura y tropezó con los de Sagrario que, aparentemente, abandonaba la sala para atender a la visita. Pero al cruzarse con Nieves, Sagrario juró que no volvería a sentarse junto a la viuda del que mató a su hija.

El desconcertante mutis de la directora del asilo suspendió el recital. Asenjo comenzó a tocar a Schubert, como siempre que asistía a una escena violenta y no reanudó el pasacalle hasta que Dora le retrotrajo al ambiente bohemio del Café del Vapor y ambos recordaron las conversaciones entre Andrés Niporesas, Chueca y Venancio.

Superada la interrupción, Marcos sacó a bailar a Dora y propuso que los demás les imitaran. Mas ya nada fue como antes.

Román se dirigió a Nieves; pero la costurera rehusó emparejarse con quien no secundó el pronunciamiento de su marido. Acudió Encarna a evitar el desaire de su hijo, pero éste rechazó su ayuda reprochándola que su humilde condición le impidiera alcanzar galones de sargento. Román, en fin, quiso invitar a Rosa. Mas la peluquera se hallaba discutiendo con Nieves a propósito de los incidentes que tiñeron de luto su boda.

Román, desdeñado, tornó a majar el almirez, Encarna frotó la botella y Amós agitó la campanilla que usaba Sagrario. Acompañaban así el pasacalle que tocaba Asenjo. Pero Marcos, al observar que los contertulios revivían una historia de rencores con la música que debía unirles, gritó perspicaz:

—¡Viva España!

Y dirigiendo su índice a la estatua de Venancio, ya en tinieblas, lamentó no tener dientes para evocar con la elocuencia requerida aquel espíritu de camaradería de los dorados siglos de la fundación, cuando solidarios y leales los súbditos con el marquesado demócrata, Rosa peinaba a su señora, Nieves arreglaba su tocador, Román transmitía recados, Amós era leal escudero, Sagrario asumía los pecados de la colectividad, el mosén tocaba el clave y Encarna servía la merienda que con la tranquilidad del deber cumplido se degustaba en el salón luminoso de palacio mientras Venancio les deleitaba con su clarinete.

17

Luego, Marcos pasó la chistera entre los actores y cada uno contribuyó según sus posibilidades: Román aportó unos sellos, Nieves dos botones de oro, Rosa una liga, el mosén una estampa de la Virgen de la Paloma y Encarna su mejor voluntad de servicio. Se dirigía Amós al corredor para traer de su cuarto la garrota de Higinio y ofrecerla como obsequio cuando Sagrario abrió la puerta del cuarto de estar y dijo:

—Marcos Marculeto, vienen a buscarte.

Román inmovilizó el mango del almirez, Asenjo separó las manos del piano y Encarna dejó suspendida en el aire la cuchara que percutía en la botella de anís.

Intensamente pálido, el marqués de «Hurgar con ruego» se descalzó y rebañando las ofrendas de la colecta, comunicó a Dora:

—Te mandaré la foto.

—Venga usted también —dijo Sagrario al capellán.

Tras salir los hombres, Sagrario cerró la puerta del cuarto de estar. Pero Román les siguió por curiosidad.

Así logró observar que Melchor se reunía con ellos en el corredor de frías baldosas.

—Haz el equipaje volando.

Marcos obedeció la orden del abogado. Sagrario y el mosén se dirigieron al despacho de la directora del asilo y Melchor penetró en el cuarto de estar. Al verle, Rosa se apresuró a tomarle del brazo.

—Tengo listo el trousseau.

Pero Melchor estaba ocupado en otros afanes.

—¿Averiguaste algo? —apremió.

Ante la negativa de Rosa, Melchor se dirigió a Dora con malos modos:

—No le peguen —suplicó la anciana refiriéndose a Marcos—. No sabe nada.

Nieves se lanzó a proteger a Dora de la violencia del abogado mientras Encarna, siempre obsequiosa con la autoridad, tapó con su cuerpo la puerta de salida. Asenjo optó por consolarse con Schubert. Pero Melchor cerró la tapa del piano y zarandeó a Dora, que abrazaba el álbum de fotos de Emmanuel.

—Confesaré todo —decía la folklórica—, si me llevan con el marqués.

—No es marqués sino Marcos —rugió Melchor.

—Porque le habéis desheredado, buitres —replicó Dora en el mismo tono.

Envalentonada con la presencia de Melchor, Rosa explicó a Nieves, Amós y Asenjo, la personalidad del marqués demócrata:

—El muy bergante embauca a un obispo. Alardea de noble, pero en casa de Emeteria lava los calzoncillos.

Melchor ahuecó la palma de su mano, como abanicándose. Dócil a la señal castiza, Rosa alzó a Dora del asiento. Nieves, impotente, se echó a llorar sobre sus labores. Sin miramientos, Melchor arrastró a Dora hacia la salida, ya desbloqueada por Encarna. Rosa les acompañó.

El cortejo desapareció por el corredor de frías baldosas. Al cabo de un rato, Román regresó con la noticia:

—Sus amos le recogieron cuando acabaron las fiestas.

Nieves, Asenjo, Amós y Encarna le veían tranquilo, enfrascado en su álbum de sellos. Román amplió detalles:

—El pollo gasta cochazo y un perro de aquí te espero.

—Por eso no dormía con nosotros —dedujo Amós.

Repentinamente iluminada, Nieves ojeó la partitura de «Hurgar con ruego» que Dora abandonó en su forzosa salida.

—Cuando el maestro Venancio llegó a la fundación de los marqueses —manifestó a Asenjo como si le narrara una historia desconocida—, había en su habitación un viejo. Estaba descalzo y dormía en el suelo. Su mujer le castigaba por demócrata. Al maestro Venancio le dio pena su situación y, sin saber quién era, le adoptó de criado.

Todos la miraban expectantes.

—Muerto Venancio —interpretó Nieves—, el marqués sirve a su viuda. Está clarísimo.

18

DESGARRADA la mantilla, arrastrando el cordón de Esclava, con el pelo revuelto y desabrochados los botones del traje de terciopelo lila, accedió Dora al despacho de Sagrario. Bronceada por el sol marbellí le aguardaba Emeteria, sentada en la poltrona de la directora del asilo. Tenía, a su diestra, al galán maduro y el sanbernardo a sus pies. Zalameros la cortejaron el capellán y Sagrario.

—También falló Marcos —secreteó Melchor a Emeteria.

—¿Y tu novia?

—Esa es una inútil.

La viuda de Venancio apretó los puños y dictaminó con la sintaxis vizcaína de la marquesa de «Hurgar con ruego»:

—Con Marcos ya ajustaré cuentas, pues. Pero, por lo pronto, ésta aquí no sigue.

Melchor tomó a la peluquera del brazo y ahuecando la mano como acostumbraba, la expulsó del cuarto.

Rosa lloraba como una magdalena: había perdido otro amante.

Frente a frente Emeteria y Dora, la viuda de Venancio reclamó a la bailarina la deuda pendiente. Desde su anterior encuentro, había transcurrido tiempo suficiente para abonarla. En este intervalo, los familiares de Venancio utilizaron toda clase de estratagemas para doblegar, por las buenas, la resistencia de Dora. Mas como ni el amor de Marcos, ni el cariño que decía profesar a Venancio sirvieron para que confesase su delito, Emeteria le concedía aún un minuto: el sacerdote del asilo y el abogado Melchor serían testigos de sus palabras.

—Sólo hablaré en presencia del marqués —dijo Dora.

—Apura la paciencia de Job —masculló el páter.

—Tú lo has querido —sentenció Emeteria. Y tras ordenar a los hombres que desalojaran la habitación, exigió a la bailarina en presencia de Sagrario—: Desnúdate.

Con el cuerpo de diosa semivelado por una colcha, imagen rescatada por la bailarina de rompe y rasga de aquellos tiempos de sicalipsis, volvió Dora a su cama después de padecer insultos y escarnio como Nuestro Divino Señor. Lo recordaba repasando el álbum de fotos en la camilla del cuarto de estar.

Única ocupante del asilo, pues ya sus compañeros emprendieron viaje a la nueva residencia, acechaba en las agujas del reloj de pared la llegada de la noche para velar junto a la estatua de Venancio, en el banco donde las palomas no comerían más de su mano.

Ese archivo de recuerdos y la zona dedicada al compositor eran sus eslabones con el mundo. Del resto, se le privó con vengativa saña. Emeteria le afanó el broche; Melchor, el capellán y el galán maduro de Emeteria indagaron en sus ropas como cuervos sedientos del robo que le atribuían y los tres azuzaron al sanbernardo por si aparecía el dinero entre los jirones, mientras Sagrario saqueaba su equipaje profanando el sueño de viejecitas y enfermas.

Dora había aguantado con estoicismo el despojo y la inexorable condena a la mendicidad. Pero cuando se atrevieron a difamar la memoria de quien amorosamente le previno contra los verdugos que también a él le martirizaron, con una elocuencia sorprendente para los que creían que se había tragado la lengua, salió en defensa del marqués demócrata.

Con mirada de fuego y palabra incendiaria como antídotos a su desnudez total, puso los puntos sobre las íes a las mujeres. No procedían contra ella por afán de lucro los que se embolsaban una sustanciosa renta con la venta del asilo, sino por rencor: en el odio de Emeteria latía el remordimiento de que su esposo eligiera morir en hogar ajeno antes que en el mancillado por el adulterio. Y en la conducta de Sagrario se traslucía el fanatismo de la que declaraba ser madre de la Virgen de la Paloma.

Algo más vestida, también se despachó a gusto con los hombres. Recordando las zarzuelas escritas por Venancio, dijo al abogado de los herederos del compositor que obraba en la vida con incurable doblez desde que Facundo le postergó en política. Al galán maduro de Emeteria le acusó de deslealtad con su padre y al capellán del asilo de que un inocente purgase en el patíbulo el frustrado asesinato de la marquesa.

Y en sonado mutis final, la Dora de rompe y rasga comunicó a sus inquisidores que, como cree el ladrón que todos son de su condición, no le extrañaba que la reprochasen sus mismos vicios. Ella, sin embargo, apostaba por la tranquilidad de conciencia y, aunque pobre y famélica, gustosa pasaría sus últimas horas acordándose del marqués junto a la estatua de Venancio.

Nieves lloró como una bendita al escuchar a Dora. Después de sufrir el desengaño de Rosa con su abogado felón, el calvario de la bailarina colmaba su desconfianza en el prójimo.

Decidida, abjuró de los horóscopos y, de madrugada, se levantó. Descalza trajinó en la costura, a tientas se dirigió a la jaula, cautelosamente atrapó al canario y antes de que despertase con su dulcísimo trino a las que dormían, le cegó con un alfiler para que no enturbiara su canto una realidad indeseable.

19

TEMPRANO despertó a los ancianos la banda municipal. Sagrario les apremió a recoger sus pertenencias mientras se oían marchas garbosas en el patio. A media mañana, un redoble de tambor anunció la presencia de Emeteria. Dora abrazó a Nieves y corrió al water.

Desde su escondite, siguió los acontecimientos por el relato de la costurera. Supo que aparecía el alcalde a efectuar la entrega simbólica de la estatua de Venancio al pueblo de Madrid. Pero no fue informada de más porque Nieves hubo de bajar a la entrada principal a formar con los restantes actores.

Después del discurso del alcalde, la banda atacó una habanera. Un silencio de pájaros se adueñó luego del jardín. Desconfiada, continuó en el refugio. Emeteria había prometido entregarla a la policía si perseveraba en su deseo de encerrarse en el asilo.

Con el último sol de la tarde, se sentó en la camilla del cuarto de estar. Cuando no distinguió las figuras del álbum, advirtió que habían cortado el agua y la luz. Como sentía hambre, se dirigió a la cocina palpando las paredes. Encontró lumbre y velas en la capilla. Guiándose de una palmatoria, en vano buscó alimento.

Estaba franca la puerta del dormitorio de Marcos. No había rastro de las ropas que tan solícitamente lavaba y planchaba. Mas cuando la melancolía de los buenos tiempos perdidos atenazó su garganta, un imprevisto le alborotó el corazón: el clarinete de Venancio reposaba en el sofá. Carecía seguramente de valor para los capitalistas voraces. Para Dora, en cambio, era el testimonio de que el marqués volvería a recuperar su tesoro.

Se retocó el moño y el busto, descendió sigilosamente las escaleras y por el corredor de frías baldosas accedió al patio. Precavida, mató la luz. Muy despacio se acercó a la estatua de Venancio. Manoseando el pedestal y la efigie, se orientó. Al cerciorarse de que se situaba tras la escultura, se arrodilló.

Con mano de ciega, escarbó en la tierra. Sentía tierno el césped y no percibía el relente sino los latidos de su pecho. Tocó al cabo de un rato la tapa de la arqueta. La desenterró y, al volcarla con tembloroso pulso, palpó los caramelitos que ya no probaría el músico y los billetes deslizados en su escote por Benavides.

Aguzó la vigilancia y, como nada inquietante observó, se levantó el vestido e introdujo el dinero donde sus bragas. De nuevo reclinada, sepultó la arqueta. Y sopesando el clarinete, optó también por esconderlo:

—Tócalo en el cielo, maestro, que cuando venga a buscarlo el marqués le diré que tú lo tienes.

Se incorporaba calculando cuántas misas podrían oficiarse en honor de su amigo con el importe rescatado a la avaricia de sus familiares, cuando se le insinuó la voz dulcísima:

—Mecachis tu pelo, Dora.

Incapaz de resistir la emoción, rompió a llorar en el banco. Pero en seguida se repuso y antes de proclamarse suya hasta la muerte, preguntó:

—¿Te torturaron?

Y en la tibia oscuridad se desojaba por averiguar señales de violencia de los herederos de Venancio en su cara. No le consintió un examen escrupuloso el marqués, que inmediatamente se venció sobre el rostro de la bailarina para regalarse con el primer beso en paz desde que se conocieron.

Feliz de reconquistarle y encantada de atraerle, no dudó en dar sus labios con tal arrebato al que merodeaba baboso exhalando aliento de muerte que la dentadura del caballero sucumbió a la boca desaforada, con gran desconcierto de los que, enlazados, no podían permitirse el lujo de desprenderse sin provocar recelo en la otra parte.

Adheridos por este compromiso, más fuerte que el del amor, la Dora de rompe y rasga logró encajar en su sitio la prótesis que su formidable impulso cariñoso descolocó. Y con el cuerpo abandonado a la mano persuasiva del amante, perdió el sentido definitivamente porque las zarpas masculinas se aferraron a su cuello exigiendo, aparte del botín que ya poseían, la vida que también se cobraron.

Verano, 1980-Verano, 1983

CENSO DE PERSONAJES

Amós: Barbero. Amante de Higinio. Tendero de ultramarinos y sacristán del convento de las Arrepentidas. Boticario.

Andrés Niporesas: Poeta. Libretista de «Hurgar con ruego». Periodista de «Alfadario» y de «Luz de Progreso». Novio de Dora.

Asenjo: Violinista del Café del Vapor. Pianista en el asilo de actores.

Andrenio Corrales: Periodista de «Alfadario». Libretista del sainete castizo de Venancio. Se fuga a París con la flaca Emeteria.

Benavides: Sagaz espeleólogo de escotes. Empresario de burdeles y del Teatro de la Cruz.

Blas: Preso simpatizante de la facción de Miguel, ahorcado en vez del mosén.

Cosme: Lugarteniente. Novio de Nieves, padre de Manuel. Militar constitucional, encabeza un pronunciamiento.

Celestino: Palafrenero de la marquesa. Policía. Marido de Rosa.

Chueca: Pianista del Café del Vapor. Autor del pasacalle de la guerra de Cuba.

Dora: Insigne bailarina folklórica. Se recluye en el asilo de ancianos a la muerte de Venancio. Allí recuerda su carrera de actriz y revive un amor otoñal.

Dolores: Cachonda consorte de Facundo, el político.

Encarna: Cocinera de palacio y portera de la casa de vecindad. Madre de Román y Perico.

Emmanuel: Artista fotógrafo. Padre de Marie-Loup.

Emeterio: Empresario periodístico. Director de «Alfadario». Accionista mayoritario del asilo de ancianos. Suegro de Venancio.

Emeteria: Mujer de Venancio, madre de las dos gemelas, amante de Andrenio Corrales y enemiga de Dora.

Elías: Maestro y memorialista. Tío de Nieves.

Fabián: Bizarro militar amante de la marquesa. Miembro del círculo católico de «La Condena».

Facundo: Político. Consorte de la cachonda Dolores. Reemplaza a Melchor en la dirección de la fundación.

GONZALO: Banquero romántico, cerebro del plan de ensanche ciudadano. Enamorado, sin suerte, de la mulata.

HIGINIO: Torero. Amante de Amós.

JOVEN EMISARIO: Muere en el Café del Vapor. Traía dinero de Miguel para Nieves.

LUCIO: Hijo de los marqueses de***.

MOSÉN: Preceptor de Venancio. Frustrado homicida de la marquesa. Capellán castrense.

MIGUEL: Barítono aficionado, bandolero generoso, revolucionario y anarquista.

MARQUESA: Titular de la fundación. Esposa del marqués y amante de Melchor y Fabián. Madre de Lucio.

MARQUÉS: Bailarín, aristócrata consorte y demócrata. Compañero de cuarto de Venancio. Enamorado de Dora.

MOGASCIO: Pintor cortesano que firma como MOGACHO sus lienzos castizos.

MELCHOR: Petimetre liberal. Director de la fundación. Amante de la marquesa y de Rosa.

MÉDICO DE POBLADOS BIGOTES: Director del Hospital de Pobres. Perpetuo rijoso.

MULATA DE NALGAS SOBERBIAS: Entretenida de Lucio.

MARIE-LOUP: Hija del artista Emmanuel. También fotógrafa.

MANUEL: Hijo del lugarteniente Cosme y de la rubia costurera Nieves. Barquillero.

NIEVES: Camarera rubia de la marquesa. Pitonisa y costurera. Amante del lugarteniente Cosme. Madre de Manuel. Sobrina de Elías.

PADRE DE VENANCIO: Clarinetista de banda, preceptor de su hijo.

PADRE DE ANDRÉS NIPORESAS: Cofrade de Melchor en la sociedad filantrópica «Senescales de la Sabiduría».

PERICO: Hijo de Encarna y hermano de Román. Vuelve mutilado de la guerra de Cuba. Aguador.

ROMÁN: Hermano de Perico e hijo de Encarna. Recadero de la fundación. Soldado y cabo.

ROSA: Camarera morena de la marquesa. Peluquera. Amante de Melchor y esposa de Celestino.

ROSARITO: Novia de Venancio. Hija de Sagrario. Elevada a los altares tras su muerte fortuita en el pronunciamiento de Cosme.

SAGRARIO: Monja directora del asilo de ancianos actores. En el mundo, fue actriz. Representó el papel de ama de llaves del mosén y madre de Rosarito.

SORDOMUDO: Bandolero que acompaña al mosén al exilio. Enviado del revolucionario Miguel, abatido por la guardia de palacio ante el convento de las Arrepentidas.

VENANCIO: Compositor castizo. Novio de Rosarito, esposo de la flaca Emeteria, padre de las dos gemelas. Se recuerdan preferentemente tres obras suyas: «Hurgar con ruego», una zarzuela romántica y un sainete madrileñista.

ÍNDICE

Impreso en el mes de enero de 1984
Talleres Gráficos DUPLEX, S. A.
Ciudad de la Asunción, 26
Barcelona-30

LIBRARY OF DAVIDSON COLLEGE

Books on regular loan may be checked out for **two weeks.** Books must be presented at the Circulation Desk in order to be renewed.

A fine is charged after date due.

Special books are subject to special regulations at the discretion of the library staff.